El duque de Rivas

EL DUQUE DE RIVAS

ANGEL CRESPO

EL DUQUE DE RIVAS

COLECCION LOS POETAS

EDICIONES JÚCAR

Cubierta: *S.C.E. sobre un diseño de Jas Hayden*
Fotografías: *Archivo Júcar*
Primera edición: *mayo de 1986*

Derechos exclusivos de esta edición:
EDICIONES JÚCAR, 1985
Fdez. de los Ríos, 20. 28015 Madrid. Alto Atocha, 7. Gijón
I.S.B.N.: 84-334-3066-1
Depósito legal: B. 17.673 - 1986
Compuesto en Fernández Ciudad, S. L.
Impreso en Romanyà/Valls. Verdaguer, 1.
Capellades (Barcelona)
Printed in Spain

CAPÍTULO I

SOBRE EL ACTA DE BAUTISMO Y ALGUNAS
DE SUS CONSECUENCIAS
(1791-1808)

El día 13 de marzo de 1791 fue bautizado solemnemente en la catedral de Córdoba, con los nombres de *Ángel*, Luis, Pedro, Rafael, Josef, Miguel, Mariano, Franco, Juan, Domingo, Antonio, Martín de Santa Bárbara, Onofre, Cecilio y Ramón, un niño que había nacido a las diez de la noche del día 10 de aquel mismo mes y año. El nuevo cristiano era hijo legítimo del Excmo. Sr. don Juan Martín de Saavedra y Ramírez, Pérez y Saavedra, Marqués de Rivas de Saavedra, de Andía, y de la Rivera, Señor de los Donadíos y Casas Fuertes de Torrelegada, Torrequemada y la Moraleja, en la provincia de Extremadura, del Donadío de la Guardamelena en la Andalucía, patrono del convento de Santa Cecilia de Mercenarios Descalzos de la villa de Rivas, Patrono, en comunidad con el conde de Bornos, del Hospital de la Latina de la Villa y Corte de Madrid, del convento de religiosas del Corpus Christi de la Carbonera, del de la Concepción Jerónima y del de religiosas de la Concepción Francisca, todos ellos en dicha Corte; y era también patrono de las memorias fundadas por la condesa de Medellín, del convento de Trinitarios Calzados llamado de San Onofre, en Málaga, fundado por don Francisco Ramírez, su conquistador, del de religiosas de Santa Justa y Rufina de Sevilla, de la capilla de la Purísima Concepción, de la parroquia cordobesa de Santo Domingo de Silos, así como del Colegio de Escribanos de Córdoba, de la capilla de San Blas, de la de San Dionisio, y de la de Santa Ana, todas ellas en la catedral en que el niño fue bautizado, así como de la Sala Capitular del convento de San Fran-

cisco de los Palacios, y Cabo de Armería de San Martín,
Ecala, Ripodas, Sudayne, Baquedano y Torre Mandina-
no; y lo era también de los reales montes de Andía, En-
cinas, Urbasa, Menusa y Saricueta, y de sus merinos y
bailíos, y capitán por fuso de heredad de la gente de
guerra de los cinco valles de Amérida alta y baja, Val-
dearana, Valdeallín y Valdellir, y único presentero en
nombre de Su Majestad de la Real Abadía de Andía, a
todo lo cual unía las dignidades de Alguacil Mayor con
voz y voto en el Ayuntamiento de la Villa de Molinos y
su señorío, Patrimonial de la ciudad de Estella, Patrono
de la capilla mayor de San Felipe el Real de Madrid, con
asiento perpetuo, y del convento de su villa de San Francisco de Auñón, señor de lo espiritual y temporal de la
villa de Aldegüela de Tiestos, en el reino de Aragón, Grande de España y Gentilhombre de Cámara de Su Majestad, con ejercicio. La madre de Ángel era la Excma. señora doña María Dominga, Jacoba, Epitacia, Joaquina
Remírez de Baquedano, Quiñones, Zúñiga, Guzmán, Molina,
Beaumon, Álamos y Miranda, marquesa de dos títulos. El
padre era cordobés, y bautizado en la misma capilla que
el hijo, y la madre madrileña, y se habían casado en la
Villa y Corte de Madrid, en cuya capilla de San Ildefonso
se velaron debidamente. El abuelo materno, don Juan
Antonio Remírez de Baquedano, había sido Primer Caballerizo de la Reina, siendo ésta princesa, y Mayordomo
de Semana de la reina madre [1].

De la lectura del extracto de acta de nacimiento del
que han sido tomados estos datos, y de los demás que en
ella constan, se desprende no sólo el porqué de casi
todos los nombres que fueron impuestos a quien inmor-
talizaría el de Ángel —del que curiosamente no da la
razón dicho documento—, sino también que quien habría
de ser conocido como el Duque de Rivas no nació hijo de
duques, aunque sí de un grande de España, pues el título
ducal lo adquiriría su padre pocos años antes de morir.
Y es preciso añadir que Ángel de Saavedra no estaba
llamado a heredar los títulos presentes y futuros de su
padre, puesto que tenía un hermano mayor, a cuya aza-
rosa vida me referiré en los momentos oportunos, titu-

---

[1] Conf. extracto del acta de bautismo en Gabriel Boussagol,
Ángel de Saavedra, Duc de Rivas. Sa vie, son oeuvre poétique,
Toulouse, 1926, pp. 463-464.

lar del mayorazgo de la casa. Y se deduce también que
Ángel era descendiente del conquistador de Málaga, don
Francisco Ramírez, y que algo tenía que ver su familia
con Beatriz Galindo, la célebre Latina, dado que el pa-
tronato del Hospital de su nombre había recaído en su
familia. Los genealogistas hacen, en efecto, descender a
nuestro poeta de aquella célebre mujer, así como de varias estirpes de hombres notables, entre los que se cuen-
tan no sólo la del emperador Calígula y la de los reyes
suevos, sino también la olímpica, puesto que alguno de
ellos aseguró que sus antepasados descendían de Hércules [2], lo cual, de ser cierto, crearía un problema genealó-
gico digno del más esmerado estudio, pues ¿de cuál de
los cuarenta y cuatro Heracles enumerados por Varrón
descenderían los abuelos de Ángel? Sin duda, el Hércules
del que aquí se hace mención no era otro que el que
plantó sus columnas en el estrecho de Gibraltar, y ser
descendiente suyo no sólo significaba serlo también de
Zeus —Rivas habría dicho y escrito de Júpiter—, sino
tal vez de Télefo, expósito como el moro Mudarra, cuya
historia escribiría Ángel, o bien de la heroica Macaria,
en cuyo caso sería también descendiente de la bellísima
Deyanira. No cabe duda, dejando aparte los fantaseos
de los genealogistas, de que la familia de nuestro poeta
era una de las de más antigua y probada nobleza de España, motivo por el que los menos noveleros le hacían
descender de «Ricos Omes de Pendón y Caldera»; y ello
puede ser una de las causas de que, enseñado de niño y
adolescente a asumir la responsabilidad que ello supone,
el patriotismo fuera una de las constantes de su vida
y de su obra, pues Ángel fue, con Zorrilla, el más espa-
ñolista de los poetas de su tiempo, como más adelante
tendremos ocasión de comprobar.

El documento a que estoy refiriéndome es también testimonio de la influencia de que las familias Saavedra y
Remírez de Baquedano gozaban en la corte de Madrid
—el padre era grande de España y gentilhombre, y el
abuelo materno había sido Caballerizo Mayor de una princesa que llegó a ser reina y Mayordomo de Semana de
la reina madre—, una influencia que, cuando se trataba
de conseguir favores y prebendas para Ángel y su herma-

[2] Conf. J. Pellicer y Tovar, *Memorial de la casa y servicios
de don Joseph de Saavedra, marqués de Rivas*, Madrid, 1647.

no, supo contrarrestar, hábilmente ejercida por doña María Dominga, su madre, señora decidida y de carácter, la hostilidad y antipatía que Godoy había mostrado siempre a Juan Remigio, el ya mencionado hermano mayor, y que a los seis meses de haber nacido nuestro futuro poeta consiguió para él, esta vez por gestiones del marqués, su padre, la Cruz de Caballero de la Orden de Malta, lo cual, más que una casualidad, parece un verdadero presagio.

Y también nos ayuda el acta de nacimiento a comprender que el espíritu del tiempo en que cada una vive se impone en muchas ocasiones, sobre todo cuando se trata de personas de fina sensibilidad, a las tradiciones familiares, por muy respetables que éstas sean, como en el caso que nos ocupa, pues ¿quién iba a imaginarse que el miembro de una familia tan afecta a capillas y conventos iba a ser, con el correr de los años, un liberal exaltado, en unos tiempos en que el clero y las gentes de orden consideraban al liberalismo como ideología anarquista y enemiga de la religión? Rivas lo fue, lo pagó caro y obtuvo del pago grandes beneficios, y si, tras haber heredado tantos títulos y dignidades, fue pasando del extremismo al conservadurismo, ello se debió también al espíritu de los tiempos: a un espíritu —en los mejores— de reconciliación nacional, del que la actualidad española nos ha ofrecido recientemente ejemplos no menos notables que los protagonizados por Saavedra y muchos de sus compañeros de juvenil exaltación.

Asimismo, nuestro documento plantea un pequeño enigma onomástico: el que afecta al segundo apellido de Ángel de Saavedra, que en el acta consta varias veces como Remires de Baquedano —es decir, Remírez, pues la ese final parece un andalucismo ortográfico semejante al de las veces que se escribe «dies» en lugar de diez, para indicar día y hora de nacimiento— y no Ramírez de Baquedano, como se acostumbra escribir y parece que terminó por imitar el propio poeta, quien sin embargo se llamó a sí mismo como le llamaba el acta, por lo menos hasta el año 1820, según demuestra el ejemplar de sus *Poesías* [3] que tengo bajo la vista, cuya dedicatoria

---

[3] *Poesías* de don Ángel de Saavedra Remírez de Baquedano, segunda edición corregida y aumentada, tomo primero, Madrid, 1820.

reza: «Á la Excma. Sra. Da. María Dominga / Remírez de Baquedano [ya con ortografía correcta] y Quiñones, / Marquesa de Andía y de Villasinda, / Duquesa viuda de Rivas, &c. &c &c. // En testimonio de amor, de respeto / y gratitud. / Su humilde hijo // Ángel de Saavedra Remírez / de Baquedano», todo ello con el elegante alarde de tipos de imprenta variados propio de la excelente tipografía de Sancha. ¿Remírez o Ramírez? Remírez suena a más arcaico, tal vez a más godo o más suevo, y Rivas, con el tiempo, se fue adaptando como pudo a la modernidad: la primera edición de *El moro expósito*, que es de 1834, va firmada por don Ángel de Saavedra, sin segundo apellido, nombre literario que aquel mismo año sería cambiado por el de Duque de Rivas.

Ángel de Saavedra vino al mundo en una ocasión histórica, caracterizada por la inestabilidad social y política, en la que todo empezó a cambiar violenta y aceleradamente. Según los esquemas usuales de la historiografía, nació al principio de la Edad Contemporánea, iniciada, en 1789, con la Revolución Francesa, y ello le hace nuestro primer gran poeta contemporáneo. La situación general de Europa se había ido agravando durante las últimas décadas del siglo XVIII y, en España, casi nadie quería darse por enterado de ello. «Los estados europeos —escribe Josep Fontana— comenzaron a experimentar grandes transformaciones, puesto que el consenso que mantenía el equilibrio en las sociedades del Antiguo Régimen empezó a resquebrajarse, y los grupos sociales que detentaban el poder se vieron obligados a la doble tarea de defender su posición contra un posible embate revolucionario y de organizar un nuevo consenso, asentado en una ideología y en valores nuevos (en la participación en una comunidad nacional, en lugar de en la fidelidad a una dinastía), que se traducirían en una etapa de reformas y en la asociación de la burguesía al disfrute del poder, monopolizado hasta entonces por la aristocracia terrateniente» [4].

En lo que a España se refiere, el gobierno de Carlos IV, dirigido por Godoy, estaba tratando por todos los medios a su alcance de que las ideas de la Revolución Francesa no se divulgasen en el país, pero era tal la permeabilidad

---

[4] Josep Fontana Lázaro, *La quiebra de la monarquía absoluta (1814-1820)*, Barcelona, 1983[4], p. 25.

de las mal vigiladas fronteras que, precisamente el año 1791, la Inquisición recogió nada menos que cuatrocientas veintinueve publicaciones, consideradas subversivas, procedentes de Francia, así como siete copias manuscritas de la Declaración de Derechos del Hombre y del Ciudadano; y fue también en 1791 cuando los agentes gubernamentales comprobaron que el célebre panfleto revolucionario *Ça ira* se había difundido ampliamente en el reino de Aragón; y es que, desde el principio de la Revolución, algunos españoles se estaban mostrando muy ansiosos de poseer las publicaciones francesas y las buscaban a despecho de todas las prohibiciones[5]. Las cosas llegaron al extremo de que aquel mismo año del nacimiento de nuestro poeta, el progresista Floridablanca prohibiese la publicación de todos los periódicos españoles por temor de que, aun no siendo muchos, pudiesen, incluso con la objetividad de sus noticias internacionales, perturbar la paz de la monarquía[6].

Córdoba era entonces una tranquila ciudad provinciana y conservadora y, dadas las ideas religiosas de la familia Saavedra, no debió de ser educado Ángel sino en el horror y la hostilidad hacia la revolución, pues es de presumir que el canónigo emigrado M. Totins, que le enseñó las primeras nociones de francés, fuese, en casa de los Rivas, un testimonio viviente de los trastornos revolucionarios. También era francés el escultor Verdignier, establecido en Córdoba, que fue su primer maestro de dibujo.

Al poeta le gustaba recordar que su padre fue aficionado a la poesía, que cultivaba en el estilo castizo del toledano Gerardo Lobo, y que el mayordomo de la casa gustaba de escribir poesías de inspiración popular. Vivió, pues, durante su infancia en un ambiente que propició el que empezasen a desarrollarse sus dos vocaciones: la dominante de la poesía y la subsidiaria, pero útil, como veremos, de la pintura. Gerardo Lobo, al que se leía con delectación en casa de Ángel, era uno de los poetas más editados del siglo XVIII pero, debido al cambio del gusto literario, uno de los hombres que más influyeron en Saavedra, su amigo Alcalá Galiano, llegaría

---

[5] Conf. Richard Herr, *The Eighteenth Century Revolution in Spain*, Princeton, New Jersey, 1969[5], pp. 248-255.
[6] Conf. Herr, *Op. cit.*, p. 262.

a calificar a los versos de Lobo de detestables, mas no cabe duda de que durante sus primeros años le debía parecer a nuestro poeta, como a muchos de sus contemporáneos de más edad, un segundo Quevedo.

El año 1800 se declaró en Andalucía una epidemia de peste amarilla que hizo que los Rivas se trasladasen a Madrid, donde otro cura francés, un canónigo cuyo apellido era Bordes, asumió las funciones de preceptor que había ejercido hasta entonces Totins.

En 1802 murió, ya duque de Rivas desde 1798, el padre de Ángel, y el título pasó a su hermano Juan Remigio. Doña María Dominga, que quería dar a su segundón una educación de cortesano, le ingresó, el 3 de febrero de 1803, en el Seminario de Nobles de Madrid, institución que había sido fundada por Felipe V en 1725 y que tenía su sede en la calle del Duque de Alba, no lejana de la de la Concepción Jerónima, en la que se hallaba el palacio que habitaban los Rivas. Era en aquel entonces director del Seminario el brigadier don Andrés Lopes de Sagastizábal, y enseñaban en sus aulas el conocido humanista Manuel de Valbuena, que era director de estudios; don Demetrio Ortiz, que enseñaba retórica y poética y trató de imbuirle los principios del a la sazón imperante neoclasicismo; don Josef Sabatier, profesor de francés; Brea, que enseñaba esgrima, arte al que Ángel era muy aficionado; Altamira, maestro de música, y otros ilustrados varones [7].

El nuevo alumno, que contaba entonces once años, ingresó en el establecimiento con el título de capitán agregado al Regimiento de Caballería del Infante, 4.° de línea, y, en ausencia del director, fue examinado por el ya citado Valbuena [8]. Según Boussagol, el nuevo régimen de vida de Ángel de Saavedra era el siguiente: «Entre el 1 de octubre y el 1 de mayo, se levantan a las seis; después del rezo y el aseo, se toma chocolate; a las siete y media misa; a las ocho, estudio; a las nueve, empiezan

---

[7] Don Antonio de Salas le enseñó latín, y don Isidro de Antillón, geografía e historia.

[8] Para todo lo referente a su educación en el Seminario de Nobles, conf. José Simón Díaz, «El Duque de Rivas en el Seminario de Nobles de Madrid», en *Revista de Archivos, Bibliotecas y Museos*, 4.ª época, año I, tomo III, núm. 3; y Boussagol, *Op. cit.*, pp. 8 y ss.

las clases; a las once, artes de adorno; a las doce y media, descanso en las aulas; a la una, comida, seguida de recreo y conversación sobre urbanidad; a las tres, estudio; a las cuatro, clase; a las cinco y media, merienda y juegos; sesión facultativa de instrumentos de música; a las seis y media, rosario, lectura espiritual, preguntas sobre catecismo e historia sagrada; a las ocho, estudio, cena, preparación cristiana al descanso; a las nueve y media, acostarse» [9]. Que este ocupadísimo género de vida era de inspiración francesa es algo que denuncia vehementemente su parecido con el de los estudios de Gargantúa, más extremado todavía, como pensado para un gigante. Y eso que Boussagol no dice que entre las clases se encontraban las de esgrima y equitación, sobre la última de las cuales se conserva una curiosa nota en la que se dice que Ángel «usa látigo, es un poco tímido, pero se adelantará con las reflexiones que se le hacen».

En las demás materias tuvo sus altibajos. Considerado como uno de los cinco estudiantes más aventajados de su clase en cuanto a conducta, fue muy bueno «en gramática y sintaxis», aunque en 1806 tuvo un bache del que no tardó en reponerse para ocupar el primer lugar en los exámenes inmediatamente posteriores al bajón. Fue «adelantado» en dibujo y aplicado en inglés, baile (una de las artes de adorno) y religión, aunque mediano en solfeo, pianoforte y esgrima.

Además de las materias ya citadas, el futuro Duque de Rivas estudió latín y tuvo que hacer lecturas de la *Expedición de catalanes y aragoneses a Oriente*, de Hugo de Moncada; de las fábulas de Samaniego —lo que demuestra que no se desdeñaba en aquella institución a la literatura contemporánea—, y qué duda cabe de que leería a los clásicos y a otros contemporáneos y, entre aquéllos, a Cervantes, de cuyo *Quijote* le fue regalado un ejemplar, en 1803, como premio a su aplicación. Las bases de su educación literaria se consolidaron con las traducciones del francés, la redacción en este idioma y las traducciones directas e inversas de la clase de latín. Su biógrafo Cañete dice que su primera producción fue un romance morisco «escrito con mucha gallardía» [10]. No

[9] Boussagol, *Op. cit.*, p. 11.
[10] Manuel Cañete, *Escritores españoles contemporáneos. El Duque de Rivas*, Madrid, 1884, p. 16.

cabe duda de que dicho romance, compuesto el mismo
año que terminó sus estudios, es el que, por no haberlo
incluido en la antología que sigue a estas páginas, copio
a continuación:

En una yegua tordilla,
que atrás deja el pensamiento,
entra en Córdoba gallardo
Atarfe, el noble guerrero.
    El que las moriscas lunas
llevó glorioso a Toledo,
y torna con mil cautivos,
y cargado de trofeos.
    Las azoteas y calles
hierven de curioso pueblo
que, en él fijando los ojos,
viva, viva, está diciendo:
    Las moras en los terrados
tremolan cándidos lienzos,
y agua de azahar dan al aire,
y sus elogios al viento.
    Y entre tan festiva pompa,
siendo envidia de los viejos,
de las mujeres encanto,
de los jóvenes ejemplo;
    a las rejas de Daraja,
Daraja la de ojos negros,
que cuando miran abrasan,
y abrasan sólo con verlos,
    humilde llega y rendido
el que, triunfante y soberbio,
fue espanto de los cristianos,
fue gloria de sarracenos.
    Mas, ¡ay!, que las ve cerradas,
bien distintas de otro tiempo,
en que damascos y alfombras
las ornaron en su obsequio.
    Y al mirar tales señales,
turbado, reconociendo
que mientras ganó batallas
perdió el amor de su dueño,
    con gran ternura llorando,
quien mostró tan duro pecho,

vuelve el rostro a los cautivos,
de esta manera diciendo:
        «Id con Dios, que ya sois libres,
desde aquí podéis volveros,
y llevad vuestros despojos,
que a quien presentar no tengo.
        Pues no es razón que conserve
de sus victorias recuerdo
quien al tiempo de ganarlas
perdió de Daraja el pecho.»

Ya tenemos, en este romance, a un Rivas de cuerpo entero. Es verdad que faltan en él los detalles relativos a la vestimenta del héroe, en los que tan asombrosamente pródigo sería más adelante al retratar a sus personajes, y que no escasean los versos de expresión un tanto ingenua, pero no lo es menos que nos encontramos con la descripción de un ambiente sumamente parecido al descrito en alguno de los pasajes de *El moro expósito* [11], y que este héroe, como el Mudarra cuya condición familiar da título al poema mentado, también sabía llorar. Y adviértase que, a pesar de la educación de tendencia neoclásica que recibió en el Seminario de Nobles, el poeta sale, en esta su primera composición conocida, por los fueros de una de las más castizas tradiciones españolas: la del romance morisco. Habrá que volver más adelante sobre el tema, pero téngase ya en cuenta que, según sus propias declaraciones, el propósito de Saavedra era, en su juventud, imitar a Herrera y a otros autores españoles del Siglo de Oro.

El día 20 de agosto de 1806 Ángel abandonó el Seminario de Nobles, dando por concluidos sus estudios, y se incorporó poco después al Regimiento de Caballería de guarnición en Zamora. Tenía entonces quince años cumplidos y, como consecuencia de este primer destino, estuvo a punto de salir con su unidad militar hacia el Rin para luchar al lado de las fuerzas de Napoleón, que era entonces aliado de la monarquía española. Su madre, alarmada ante la perspectiva de semejante desplazamiento, logró que Ángel fuese destinado, con el rango de al-

11 Conf. Duque de Rivas, *El moro expósito*, tomo I, edición, introducción y notas de Ángel Crespo, Madrid, 1982, p. 53 y nota.

férez sin despacho —sin eufemismos, de simple guardia—, al Cuerpo de Guardias de la Real Persona, a cuya Compañía Flamenca se incorporó de inmediato y de la que formaba parte su amigo el conde de Haro, que más tarde llegaría a darse a conocer como poeta y a ostentar el título de Duque de Frías. Según contó posteriormente a Nicomedes-Pastor Díaz, se hizo amigo por entonces de José y de Mariano Carnerero y de Cristóbal de Beña, los cuales redactaban, bajo la dirección de Luzuriaga y de Capmany, un periódico literario para el que escribió algunas poesías y varios artículos en prosa; y, fiel a su vocación pictórica, tomó clases con el pintor de cámara de palacio José López de Enguídanos [12]. La vuelta a la corte fue muy favorable para el joven poeta.

Madrid era por entonces un gran poblacho manchego, tachonado de iglesias, palacios y otros edificios monumentales, en el que se respiraba un ambiente cultural y políticamente enrarecido e inseguro. Todavía repercutían en las tertulias de la capital los ecos de la polémica habida entre el obispo francés Grégoire, que proponía que se suprimiese la Inquisición, y los ultramontanos españoles, que no hubieran querido oír hablar del asunto, Pero no todo era obscurantismo en aquella ciudad, puesto que entre 1801 y 1808 se publicaron en ella el *Memorial literario o Biblioteca periódica de ciencias y artes* (1801-1804), *El Regañón General o Tribunal Catoniano de Literatura, Educación y Costumbres* (1803-1804), *La Minerva o El Revisor General* (1805-1808) y las *Variedades de Ciencias, Literatura y Artes* (1803-1805). Además, había en Madrid varias academias privadas que se dedicaban a la enseñanza del francés, y aquel mismo año de 1806 se terminó la publicación, iniciada en 1784, de la traducción del italiano de la célebre historia de la literatura de Juan Andrés, obra que fue ávidamente buscada por los intelectuales de la época, entre otras cosas, porque se hablaba en ella de los autores franceses del siglo XVIII prohibidos en España por la Inquisición.

Un año después de la incorporación de Saavedra a la vida palaciega, y cuando todavía no la había dejado por imposición de las circunstancias, llegó a Madrid don José

---

[12] Conf. Nicomedes-Pastor Díaz, «Don Ángel de Saavedra, Duque de Rivas», en *Obras Completas*, vol. I, Madrid, 1970, p. 200.

María Blanco White, el cual nos ha legado, en sus *Letters from Spain (Cartas de España)*, una impresionante descripción de la villa y corte de aquellos años iniciales del siglo XIX. Cuenta el entonces sacerdote católico, pero ya enemigo de su estado y de la religión a la que servía, que para trasladarse de Sevilla a Madrid hubo de proveerse de un pasaporte para Salamanca con objeto de poder entrar de contrabando en la capital, en la que muy pocos eran admitidos. Después de un largo e incómodo viaje en un coche tirado por mulas, don José María llegó a un Madrid de cuya corte dice que ejercía una influencia ilimitada en toda España, a pesar de la decadencia moral y la insensatez en ella reinantes. No es caso de repetir aquí la conocida historia de los amores de la reina María Luisa y el favorito Godoy, pero sí creo interesante dar cuenta de una significativa anécdota recogida en sus *Cartas* por Blanco, puesto que Saavedra vivía al servicio de su protagonista. «Parece —escribe don José María— que Carlos IV fue el único soberano de Europa que no se sintió alarmado por la triste suerte del desgraciado monarca [Luis XVI], porque pesaba más en su corazón el recuerdo de un desaire personal recibido de su primo que los lazos de la sangre y el interés común. Carlos se había enterado de que al serle presentada a Luis para su firma la tradicional carta de felicitación con motivo de la ascensión de su primo al trono español, el monarca francés había comentado con humor que no le parecía muy necesaria la carta en cuestión, porque "el pobre hombre —dijo— es una nulidad y está totalmente gobernado y dominado por su mujer". Tanta impresión le causó a Carlos esta salida de su primo que, al enterarse de la decapitación de Luis XVI, llegó a decir de la manera más insensible y brutal que "un caballero tan dispuesto a encontrar faltas en los demás no parecía haber manejado muy bien sus propios asuntos"»[13]. Anécdotas como ésta, todas ellas testimonio de en qué manos se encontraba España cuando Saavedra entró a servir en su corte, podrían aducirse *ad libitum;* baste, sin embargo, con citar otras palabras del mismo Blanco, según las cuales «la repugnante escena cotidiana de esta Corte

---

[13] José Blanco White, *Cartas de España*, introducción de Vicente Llorens, traducción de Antonio Garnica, Madrid, 1972, p. 259.

hace que el espíritu se apegue a los pocos objetos que conservan todavía un sello de virtud» [14], y con hacerse eco de las principales noticias literarias ofrecidas por las *Cartas*.

Según las cuales, su autor se dirigía diariamente en busca de la agradable compañía de don Manuel José Quintana, al que consideraba, debido a sus varios talentos y a su indudable inspiración poética, como al primero de los hombres de letras del país, un mérito al que hacía resaltar su intachable conducta moral, tanto en público como en privado. Quintana, que odiaba a la tiranía entonces imperante en España, dirigía un «partido» literario, con matices políticos de signo progresista, que se oponía al neoclasicismo del dirigido por Moratín, mejor mirado en la Corte que su ya casi romántico rival. Blanco observa que «la gótica estructura de nuestro sistema nacional» es una de las causas que producen «el ahogo del genio poético en España», que tan escasamente creador se mostraba en aquellos años inmediatamente anteriores a la invasión napoleónica, y entre cuyas producciones destacaban también las del poeta más popular de aquel tiempo, Meléndez Valdés, y las de «un oficial de Marina llamado Arriaza», que terminaría por convertirse en el poeta cortesano del decenio negro fernandino.

En lo que a los prosistas se refiere, Blanco pensaba que el mejor era Capmany, el cual «insiste en que hay que tomar todas las palabras y frases del siglo XVI, la *Edad de Oro*, como dicen, de nuestra literatura, en tanto que los traductores madrileños parecen determinados a convertir la lengua española en un dialecto de la francesa, una especie de *patois* ininteligible para las dos naciones» [15]. Se sabe que Saavedra conoció en esta época a Capmany y a Arriaza, pero no parece que mantuviese relaciones personales con Quintana, al que encontró, años después, en la asediada Cádiz. Sí debió de conocer, en cambio, a Juan Nicasio Gallego, al que Carlos IV había nombrado en 1805 director eclesiástico de la Casa de Pajes de Palacio, cargo que desempeñó hasta la entrada en Madrid de las tropas de Murat. En cualquier caso, las obligaciones palaciegas no debían dejar mucho tiempo libre que dedicar a tertulias literarias a nuestro en-

---

[14] *Op. cit.*, pp. 280-281.
[15] *Op. cit.*, p. 290.

tonces casi desconocido poeta, el cual hubo de desplazarse con la Corte al real sitio de Aranjuez y, posteriormente, al de El Escorial, en el que, el 27 de octubre de 1807, y estando él presente, tuvo lugar uno de los más vergonzosos incidentes de la historia de España: la llamada «revolución palaciega» encabezada por el príncipe heredero Fernando, del que se dice que sentía un odio salvaje contra su madre y había ido formando poco a poco un partido, o más bien una camarilla, compuesto por enemigos personales del favorito Godoy, partido del que parece que Napoleón pensaba servirse para debilitar al gobierno español e imponerle, en principio sin necesidad de invadir el país, sus planes hegemónicos. Mientras tanto, Godoy, que conocía bien el carácter falso y autoritario de Fernando, había llegado a discutir con algunos de los miembros del Consejo de Castilla la posibilidad de incapacitarle para el gobierno, lo que, sin duda, habría sido una bendición para el futuro del país. El asunto quedó en palabras, pero el príncipe heredero, que no se sentía seguro, buscó servilmente la protección de Napoleón, al que, el 4 de octubre de 1807, dirigió una carta en la que le llamaba «el mejor héroe de todos los tiempos, enviado por la Providencia para salvar a Europa de disturbios amenazadores», y le proponía casarse con una princesa de la estirpe napoleónica.

Las intrigas fernandinas llegaron al punto de que, el mismo día que, merced a las de su rival Godoy, se firmaba en Francia el tratado de Fontainebleau, que, a cambio de prometer al favorito un reino en territorio portugués, legitimaba la entrada en España de treinta mil soldados franceses, ese mismo día, 27 de octubre, Carlos IV, que se encontraba en El Escorial con su Corte, recibiera un billete anónimo en el que se le advertía que el príncipe Fernando «preparaba una revolución en Palacio». El 28 por la mañana, el rey confinó a su hijo en su habitación y secuestró todos sus papeles. El 29, Carlos dio cuenta del asunto a Napoleón en una carta en la que le llamaba «mi señor Hermano». Al día siguiente dirigió al pueblo un manifiesto en el que le daba cuenta de la traición del príncipe, el cual, mientras tanto, se valió de las únicas armas que le quedaban, el halago y la mentira, y logró de su odiada madre y de Godoy, en cuyos brazos se arrojó y al que dijo, entre abundantes lágrimas, que quería ser su amigo, una reconciliación con su ingenuo padre, al que dirigió una carta en la que reconocía lo equivocado de su conducta, prometía sumisión y decía haber denunciado a los culpables de una conspiración de la que se sentía víctima inocente. Otra carta semejante fue enviada a la reina por el príncipe heredero, con el efecto de que el 5 de noviembre mandase el rey publicar un decreto, que debió llenar de asombro a los buenos españoles de que habla Blanco en sus *Cartas*, en virtud del cual concedía su real perdón al inocente Fernando y prometía castigar a los culpables de su momentáneo extravío. Todo esto tuvo por efecto que la Iglesia española cerrase filas al lado de los partidarios de Fernando [16].

Me he detenido en este asunto no sólo porque deja al descubierto el carácter de un príncipe cuya enemistad iba a influir de manera decisiva en la vida de Ángel de Saavedra, sino también porque éste, que como sabemos se encontraba a la sazón en el escenario de los hechos, hubo de sentirse muy desfavorablemente impresionado por ellos. Díaz, cuya biografía del poeta es, sobre todo, producto de las conversaciones que mantuvo con él, escribe en ella este significativo párrafo, que parece tener, en el contexto de su obra, un carácter exculpatorio del liberalismo de Saavedra: «Acaso este espectáculo no dejó de influir en el carácter político de nuestro don Ángel, y en el sesgo de sus ideas, quizás sin que él mismo lo percibiera. Cuando años más tarde contribuyó él a trasladar preso a un monarca [Fernando VII] de una ciudad a otra de la península ni él tal vez, ni los jueces que le condenaron, se acordaran, sin duda de que había empezado su vida viendo a aquel rey preso e infamado por sus propios padres, reyes también y reyes españoles» [17]. Como se ve, las líneas transcritas son un modelo de ambigüedad, pues ¿no parecen insinuar que los diputados que trataban de salvar a España manteniendo en su poder al rey no habían hecho sino seguir el mal ejemplo de Carlos IV? Aunque, ante una prosa tan sibilina, caben otras interpretaciones que tal vez se me escapen.

---

[16] Para cuanto se refiere a este asunto, se hallará información suficiente en el libro de Hans Roger Madol, *Godoy*, trad. de G. Sans Huelin y M. Sandmann, Madrid, 1966, páginas 164-191.

[17] Nicomedes-Pastor Díaz, *Op. cit.*, p. 200.

Una reforma del Cuerpo de Guardias, en virtud de la cual quedaron en situación de supernumerarios muchos de sus jefes, se suprimieron las compañías extranjeras —una de ellas era la flamenca, en la que servía Saavedra—, y Godoy pasó a ser su jefe, proyectó una sombra sobre el porvenir de nuestro poeta, que ya no podía esperar una rápida carrera. Pero tampoco esperaría la serie de acontecimientos que, en el espacio de unos pocos meses, iba a cambiar radicalmente el rumbo de su vida.

Capítulo II

DEL MOTÍN DE ARANJUEZ A LAS CORTES DE CÁDIZ
(1808-1813)

El 20 de febrero de 1808, cuando Portugal había sido conquistado por las tropas francesas y Godoy esperaba inútilmente la corona que le había sido prometida, Murat fue nombrado lugarteniente de Napoleón en España. El emperador creía, o decía creer, que aun cuando estaba en paz con España, era necesario que los franceses ocupasen todas sus fortalezas en previsión de una futura retirada de las tropas de Junot. En realidad, se trataba de un pretexto para invadir España.

Cuando, a principios de marzo, las tropas francesas se dirigían a Madrid, el rey y su corte se encontraban en Aranjuez. Carlos IV, temeroso de su suerte, y mientras preparaba en secreto su fuga a América, llamó a todas las fuerzas militares que se encontraban de guarnición en la capital. «Como quiera —escribe Díaz—, los sucesos que se preparaban eran extraordinarios, y el deseo de tomar parte en ellos, de tal manera aguijaba y encendía el ánimo de nuestro joven [Saavedra], que habiéndose dispuesto la salida de los escuadrones de guardias, y no habiendo suficiente número de caballos, que quedasen en Madrid los más jóvenes, entre los que aquél se contaba, pidió y le fue concedido marchar en un potro cerril de la última remonta» [18].

---

[18] *Op. cit.*, p. 201. Para lo referente a la vida del poeta durante los años de guerra, seguiré esta obra, basada en los recuerdos de su protagonista, por ser la que suministra más datos, pero también tendré en cuenta las investigaciones de Boussagol, en *Op. cit.*, a las que me referiré en el momento oportuno.

Llegó, pues, nuestro poeta a Aranjuez a mediados de marzo, y pocos días después fue testigo de una nueva conspiración —esta vez triunfante— del príncipe de Asturias. Según Blanco White, «la partida de la familia real [es decir, su fuga] se había fijado, con el mayor secreto, para el 19 de marzo. Sin embargo, al empezarse los preparativos del viaje, los partidarios de Fernando tomaron medidas para hacer fracasar el plan de los reyes y del favorito. Así empezaron a llegar a Aranjuez grandes grupos de campesinos que venían de los pueblos más distantes, y lo mismo la guardia walona que la de a caballo se comprometieron a ponerse de parte del pueblo. Poco después de la medianoche del 19 el populacho atacó furiosamente la casa del príncipe de la Paz, que apenas tuvo tiempo de saltar del lecho y escapar de los cuchillos que apuñalaron con furiosa rabia el sitio en que el calor de las sábanas mostraba que su cuerpo había estado descansando pocos minutos antes» [19]. Godoy consiguió mantenerse escondido hasta que, horas después, fue delatado y aprisionado. Mientras tanto, la camarilla de Fernando lograba la abdicación de Carlos IV a favor de aquél, y el pueblo de Madrid se dedicaba a saquear el palacio del Almirantazgo, mandado edificar por Godoy. Murat, que se encontraba a las puertas de Madrid con un poderoso ejército, no tuvo tiempo de consultar a Napoleón si debía o no reconocer al nuevo soberano. Por fin, el día 23 entró en la capital con sus tropas. El 24, y a pesar de las presiones del general francés para evitarlo, Fernando entró en Madrid, montado en un caballo blanco, y fue vitoreado por la gente. Saavedra formaba parte de su escolta. El 27, Napoleón escribió, desde Saint-Cloud, a su hermano Luis, entonces rey de Holanda, ofreciéndole la corona de España, que éste rechazó. Era el principio del fin. El reconocimiento de Napoleón no llegaba a Madrid; en su lugar, el emperador deseaba que la familia real española fuese a visitarle a Francia para tratar allí los asuntos pendientes. Renuentes al principio, terminaron por constituirse prácticamente en sus prisioneros todos los principales componentes de dicha familia real el 5 de mayo, y Carlos IV acabó por ceder su corona a Napoleón, quien no tardaría en ceñirla a las sienes de su hermano José.

[19] Blanco White, *Op. cit.*, p. 300.

Antes del viaje a Francia de los Borbones españoles, Murat había tenido el tiránico capricho de pedir que le fuese devuelta la espada de Francisco I, perdida por aquel rey en Pavía, y Fernando, que deseaba halagar al corso, decidió que le fuese entregada a su lugarteniente con un absurdo ceremonial. Saavedra no contó a Díaz, o éste lo olvidó o no quiso contarlo en la biografía del poeta, que él mismo formó parte, el 31 de marzo, de la escolta que, desde la casa del marqués de Astorga, condujo solemnemente el trofeo hasta las manos del francés. Años más tarde, Rivas lo recuerda y escribe en su romance «La victoria de Pavía»:

> Harto indignado, aunque joven,
> esta espada escolté yo
> cuando a Murat la entregaron
> en infame procesión.
> Pero si llevó la espada,
> la gloria eterna quedó,
> más durable que en acero
> de la alta fama en la voz.
> Y en vez de tal prenda, España
> supo añadir, ¡vive Dios!,
> al gran nombre de Pavía
> el de Bailén, que es mayor.

Fue su última acción memorable de guardia palaciego. Quien había sido testigo presencial de los importantes acontecimientos de El Escorial y Aranjuez no lo fue del 2 de mayo madrileño, pues al amanecer de aquel mismo día había salido camino de Guadalajara con un escuadrón que la Junta de Gobierno envió a dicha ciudad, pero no tardó en regresar de ella. Mientras tanto, en la madrugada del día 3, el poeta Nicasio Álvarez de Cienfuegos, cuya obra inspiraría más tarde a Saavedra, estuvo a punto de ser arcabuceado por los invasores y fue llevado como rehén a Francia, donde falleció en 1803.

Llegados a este punto, y para comprender las aventuras a las que inmediatamente había de verse lanzado Ángel de Saavedra, es preciso recordar que para la mayoría de los españoles, alarmados por la presencia extranjera en su país, Fernando VII se había convertido, en el espacio de pocas semanas, en la encarnación no sólo de la soberanía, sino también de la dignidad nacional.

Que en seguida fuese a demostrar que era indigno de encarnarlas no es óbice para comprender que, ante la debilidad de Carlos IV frente a las presiones e intrigas de Napoleón, el Cuerpo de Guardias, al que pertenecía, como sabemos, Ángel, patrocinase el motín de Aranjuez y, viendo que no llegaba de Francia el reconocimiento de Fernando VII como nuevo rey de España, los jefes, los oficiales y los guardias celebrasen reuniones clandestinas, una de cuyas consecuencias fue que varios de ellos saliesen disfrazados de Madrid para sublevar a las provincias contra los franceses. Murat comprendió bien cuál era la situación y dispuso que dicho Cuerpo de Guardias marchase a El Escorial sin dilación. Muchos de los jefes, oficiales y guardias solicitaron su licencia o su retiro; otros, entre los que se encontraban Ángel y su hermano Juan Remigio, fueron a ver al ministro del ramo, el cual les ofreció toda clase de garantías y les dio su palabra de honor de que, ni en el camino de El Escorial ni en dicho real sitio, encontrarían un solo soldado francés. Sin embargo —cuenta Díaz—, en Galapagar se toparon con dos escuadrones franceses de dragones y un batallón de infantería ligera, que les dejaron pasar pero siguieron detrás de ellos, como a un cuarto de legua de distancia. En El Escorial se encontraron acantonada a la división francesa del general Frére.

Temiendo a cada instante que los franceses tratasen de exterminarlos, vigilantes y nerviosos, los guardias pasaron ocho días en su acuartelamiento hasta que llegó, ya a la caída de la tarde de una de aquellas interminables jornadas, un oficial, llamado Quintano, que llevaba unos pliegos para el general Frére, el cual, tras reforzar la vigilancia que ejercían sus tropas, convocó a algunos jefes y oficiales de la Guardia, entre los que se encontraban los dos hermanos Saavedra, y les comunicó que Murat deseaba que aquélla se dirigiese a Segovia para ayudar a las tropas francesas a someter a la Academia de Artillería, que se había sublevado. No se les pedía que luchasen contra sus compatriotas, sino que les convenciesen de que debían deponer su actitud. «Mas finalizada apenas su arenga —escribe Díaz—, levantóse nuestro don Ángel de su asiento, y con impetuoso ademán, y con todo el calor de los dieciocho años [en realidad, sólo tenía diecisiete], empezó a contestar a nombre de todos, negándose a marchar sobre Segovia, y manifestando alta

y resueltamente que ningún guardia pensaba en hacer
traición a su patria, ni contribuir como instrumento de
extraña tiranía a la opresión y castigo de sus compañeros de armas» [20]. El general francés, que por lo visto era
hombre prudente, «se limitó a echar en cara al arrojado
mozo su poca edad, y la inconveniencia de tomar el primero la palabra, delante de tantas personas de respeta-
bilidad y servicios. Pero contra su propósito, sus palabras
produjeron el efecto de irritar más los ánimos, y de que
todos levantasen tumultuosamente la voz en favor de
don Ángel» [21], que acababa de comportarse como lo ha-
rían, años más tarde, algunos de los personajes de sus
romances.

Fracasada la misión de Quintano, los guardias, que habían pasado la noche en vela, recibieron a la mañana siguiente la orden de marchar a Madrid y se encontraron
con que los franceses habían salido en silencio de El Escorial. Algunos de ellos decidieron irse a diferentes puntos de la península a fomentar los levantamientos populares contra la ocupación francesa, mientras otros,
entre los que se encontraban los Saavedra, permanecieron a las órdenes del general Perellós. Esta última fuerza
se dirigió a Madrid pero, llegada a Puerta de Hierro,
recibió la orden de dirigirse a Pinto, cosa que hizo nuestro
poeta; pero Juan Remigio entró clandestinamente en Madrid con objeto de obtener noticias de la situación que
permitiesen a ambos hermanos tomar el partido más conveniente. El resultado fue que se produjo una dispersión
general de los guardias y que Ángel terminó por entrar
de oculto en la capital, donde se reunió con Juan Remigio, el cual decidió que se dirigiesen a Zaragoza para
unirse a las tropas de su amigo el general Palafox.

Tras una primera etapa en Guadalajara, prepararon su
viaje y salieron disfrazados de aquella ciudad. Apenas
llegados a uno de los primeros pueblos de Aragón, se
vieron rodeados por los lugareños, que les pedían noticias de lo que estaba sucediendo en el resto de España.
Los Saavedra tuvieron que mostrar unos pasaportes con
nombres falsos, que no se sabe si obtuvieron en Madrid
o en Guadalajara, y cuando ya se habían ganado la confianza de aquellos aragoneses, el tropezón inoportuno de

[20] Díaz, *Op. cit.*, p. 202.
[21] *Ibidem.*

una de sus acémilas dejó al descubierto un alijo de armas que cargaba. Las cosas se pusieron muy mal, pues los lugareños creyeron ver en él «esposas para atar españoles y venderlos a Napoleón», y metieron en la cárcel a los dos hermanos. Pero poco después fueron sacados de ella con todos los honores porque habían sido reconocidos por uno de los guardias que se habían dispersado en Galapagar. Aunque aquellas gentes ingenuas trataron de compensarles del susto con el más halagador de los tratos, los Saavedra lo pensaron mejor y decidieron abandonar el proyecto de llegar a Zaragoza.

Es extraño que los biógrafos de nuestro poeta no hayan comentado la diferencia de caracteres de Ángel y Juan Remigio que deja traslucir este poco claro relato de Díaz. Ángel es impetuoso pero disciplinado y se mantiene hasta el último momento —el de la dispersión de la Guardia en Pinto— bajo sus estandartes, mientras Juan Remigio, nada impetuoso al parecer, es intrigante, inquieto y aventurero. ¿Qué sentido tenía, en efecto, dirigirse con pasaportes falsos a Zaragoza cuando tanto se necesitaban los servicios de la gente de armas en las cercanías de Madrid y en todo el centro de la península? ¿Qué necesidad había de viajar, expuestos a encontrarse con las fuerzas francesas, con un alijo de armas que, de ser descubierto por ellas, les habría costado más caro que el incidente del lugar aragonés? Ángel, sometido a la influencia de su hermano, jefe de la familia Rivas, se deja arrastrar no sólo a esta aventura, sino, según veremos más adelante, al borde de la deserción.

De momento, ambos hermanos se encaminaron a Castilla para reunirse con sus compañeros de armas, a los que terminaron por encontrar en las inmediaciones de Salamanca. Una vez ganada la batalla de Bailén, el ejército marchó sobre Madrid para incorporarse a las tropas de Castaños. Los Saavedra, formando parte de un escuadrón de guardias mandado por el conde de Gante, se dirigieron a Logroño, lucharon en las orillas del Ebro y tomaron parte en la desgraciada batalla de Tudela. En Tarazona, y a consecuencia de la voladura de un repuesto de municiones, Juan Remigio recibió una fuerte contusión, perdió el caballo y tuvo que efectuar la retirada en las ancas del de Ángel, el cual caballo fue muy mal herido, mientras lo montaba el poeta, en una refriega que tuvo lugar cerca de Alcalá de Henares. Ángel luchó

en el desastre de Uclés, y a continuación se retiró, con
su unidad, a la Mancha, donde Juan Remigio se sintió
gravemente enfermo de fiebres pútridas. motivo por el
que se retiró a su casa de Córdoba, llevándose consigo
a Ángel.

Conociendo, como conocemos, el carácter fogoso de
nuestro poeta, ¿sería aventurado atribuir a la influencia
de su hermano el que ambos permanecieran en Córdoba
varios meses mientras la guerra ardía en otros lugares
del país? Boussagol [22] encontró en los Archivos del Ejército, en Segovia, un expediente incompleto que, sin embargo, resulta bastante revelador. Según dichos papeles,
el 19 de junio de 1809, cuando Juan Remigio, ya curado,
se disponía a unirse al cuerpo de ejército de Extremadura, pero pasando antes por Écija para ocuparse de
«ciertas cuestiones de intereses», fue arrestado en su casa
«hasta la determinación de Su Majestad». Aquel mismo
día, Ángel fue llamado a declarar dos veces sobre el permiso que se le había concedido por enfermedad y, tras
un estira y afloja durante el que el poeta se negó a dejarse reconocer alegando que bastaba con su palabra de
caballero, ambos hermanos fueron obligados a salir de
Córdoba el día 21 con destino a los escuadrones de Extremadura, a los que, pocos días después, se incorporaron
en Talavera de la Reina. ¿Habían tratado los Rivas de
emboscarse, aunque sólo fuese temporalmente? Sea de
ello lo que quiera, su posterior actuación iba a demostrar que Ángel no sacaba el cuerpo ante las situaciones
peligrosas.

Juan Remigio tomó el mando del escuadrón de caballería en el que servía su hermano y ambos participaron
en los combates victoriosos de Camuñas, Madridejos y
Herencia, todos ellos en la Mancha, y consiguieron llegar
en su avance hasta Mora de Toledo, donde una fuerza
francesa muy superior a la española logró apoderarse de
sus piezas de artillería, las cuales fueron recuperadas
gracias a una arriesgada carga del escuadrón de los Saavedra. Al mes siguiente de este suceso, es decir, a primeros de noviembre, las fuerzas españolas consiguieron
que la caballería francesa evacuase Ocaña, pueblo que
fue ocupado por las tropas del general Freire el día 11.
Una tempestad de lluvia y nieve, y parece que una inde-

---

[22] Para este asunto, conf. Boussagol, *Op. cit.*, pp. 15-16.

cisión de su alto mando, impidieron a los españoles avanzar sobre Madrid y, después de varias marchas y contramarchas, el 18 de aquel mismo mes de noviembre, víspera de la derrota de los españoles en Ocaña, la división a la que pertenecían los Saavedra se topó en Ontígola con un enemigo que la doblaba en número, cargó tres veces a la desesperada contra él, y los guardias perdieron la tercera parte de sus hombres, mientras los franceses tuvieron que lamentar la muerte del general Paris. El resultado fue la retirada de los españoles a Ocaña.

Durante esta acción, habiendo sido puesto fuera de combate su caballo, Ángel se vio obligado a luchar a pie, rodeado de enemigos, y recibió once heridas, tres de ellas peligrosas, en especial un sablazo en la cabeza y la lanzada con que un polaco le atravesó el pecho, por lo que su hermano le dejó por muerto en el campo, pisoteado por la caballería polaca. Llegada la noche, el poeta se reanimó un poco y trató de incorporarse, con la suerte de que fuese visto por un lugareño que merodeaba entre los cadáveres, el cual lo llevó a Ocaña y dio aviso a Juan Remigio, que, como sabemos, había tenido que retirarse sin poder rescatar su presunto cadáver [23]. Curado de urgencia en aquel pueblo por un barbero, pues los cirujanos consideraron que su intervención no sería más que una pérdida de tiempo, salió de Ocaña en un carro, con otros cuatro heridos que murieron en el camino, en dirección a Villacañas, donde le hicieron la segunda cura. Once días después llegó a Baza y, tras otros veinte de intensos cuidados, pudo levantarse, aunque con una cojera que le duraría varios años, consecuencia de una lanzada en la cadera, y viajar a Córdoba, donde, a últimos de diciembre, la gente salió a recibirle y a aclamarle como a un héroe.

El poeta exageró no el peligro que había corrido, sino el número de heridas graves recibidas, en su célebre romance «Con once heridas mortales» [24], puesto que es cier-

---

[23] Resulta, cuando menos, curioso, que su antepasado don Joseph de Saavedra fuese también dado por muerto, a consecuencia de trece heridas, en la batalla de Abbem, por cuya heroicidad el rey le concedió el título de vizconde de Rivas.

[24] El romance completo se encuentra en las pp. 132-133 de este libro.

to que, según un certificado médico expedido en Cádiz
a 21 de julio de 1913, un doctor llamado Arejula hace
constar que empezó a asistir a Ángel «en el más deplo-
rable estado de debilidad [...] efecto de once heridas de
sable y lanza que recibió de los enemigos, siendo las
más graves las de la cabeza y pecho a lo que se juntó
las muchas pisadas de caballo que recibió en esta cavi-
dad, y que a pesar de todos los recursos médicos le
ha quedado tan débil que no está capaz de fatigas,
ni del menor esfuerzo, ni menos, de pasar malos ratos
sin exponerse a accidentes muy serios y que pueden cos-
tarle la vida»[25]. Sin embargo, para aquellas fechas, el
poeta ya había, como se verá, tomado parte en otro
combate.

Ya muy mejorado de salud a principios del año 1810,
y una vez que los franceses habían logrado invadir Andalucía, Ángel decidió trasladarse a Cádiz, donde se había
organizado una resistencia desesperada, y al final triunfante, contra los invasores. Varios obstáculos hicieron
de su viaje una verdadera aventura. En primer lugar, llegado con su madre a Málaga, tuvo que esconderse con
ella en casa de un pescador del Perchel, pero no tardaron en ser descubiertos, por lo que Ángel se vio obligado
a firmar el día 8 de febrero un documento que le pre-
sentaron las nuevas autoridades militares, en el que decía
prometer «obediencia y sumisión al Rey Don Josef Napoleón Rey de España e Indias y a las Leyes del Estado»,
y en el que se hacía constar que «no puede continuar el
Real servicio por hallarse echando sangre por la boca»[26].
Es verdad que Saavedra tuvo, durante varios años, vómi-
tos de sangre, pero lo cierto del caso es, como se comprende, que firmó dicho documento para no entorpecer
la preparación de su fuga a Cádiz, la cual consiguió
con la ayuda de un oficial afrancesado, al que no hacía
mucho había acogido amablemente en su casa de Córdoba, el cual facilitó a la madre y al hijo pasaportes,
dinero y caballerías, con todo lo cual se dirigieron a Gibraltar, con intención de pasar por mar a Cádiz, a donde
ya había llegado, con el batallón de guardias, Juan Re-

[25] Boussagol, p. 465.
[26] Joaquín de Entrambasaguas, «Un momento de apuro del
Duque de Rivas», en *Miscelánea erudita*, serie primera, Madrid, 1957.

Retrato de Espronceda, por M. Arroyo (actualmente en el Ateneo de Madrid).

migio, con el que Ángel consiguió reunirse una vez más.

Durante su estancia en la ciudad sitiada, nuestro poeta recibió el grado de capitán de caballería ligera, estuvo algún tiempo a las órdenes de su hermano y pasó luego a servir como adicto del Estado Mayor presidido por el general Blake, que le encomendó el negociado de topografía e historia militar. En el desempeño de este cargo, Ángel redactó varias exposiciones y memorias y fue redactor y, luego, director del periódico del Estado Mayor. Habiendo sido enviado para informar sobre las operaciones militares, el poeta se encontró en la batalla de Chiclana, que tuvo lugar el 5 de marzo de 1811, y terminó por tomar parte en ella al cumplir la orden del general Lacy de que ocupase un reducto enemigo que molestaba mucho con su fuego. Como consecuencia de esta acción victoriosa, Ángel recibió una herida, que no tardó en curarse, en la frente.

En 1812 fue enviado en misión especial para que explorase las intenciones del general Ballesteros, del que sospechaba la Junta de Regencia, y para que redujese a la obediencia al general Merino, que se había sublevado en Córdoba contra el mando de Wellington. Habiendo cumplido a satisfacción ambas misiones, fue ascendido a primer ayudante en abril de 1813.

Su estancia en Cádiz fue muy importante para Ángel no sólo por la notoriedad y el aumento de prestigio que le merecieron sus servicios militares, sino también porque en aquella ciudad tuvo ocasión de conocer y tratar a varios de los más importantes escritores españoles de su tiempo y porque fue en ella donde, sin duda alguna, se impregnó de la ideología liberal que tan decisivas consecuencias había de tener para él. Estaba allí su amigo Capmany, que aseguraba que los sitiadores disparaban en ocasiones con la única intención de matarle, y también su antiguo conocido Juan Nicasio Gallego, que fue diputado de las Cortes que se establecieron el 21 de septiembre de 1810; y también se encontraban en Cádiz Alcalá Galiano, del que el poeta se haría íntimo amigo, no entonces, sino unos años después; Martínez de la Rosa, el conde de Toreno, José Joaquín de Mora, el de la celebrada polémica con Boehl de Faber; Juan Bautista Arriaza, al que había conocido en Madrid; Bartolomé José Gallardo, el conde de Moraña, el desafortunado latinista y poeta Francisco Sánchez Barbero, que escribió una oda

latina a Wellington, y don Manuel José Quintana, que era
el más admirado y respetado de todos los poetas españoles y el redactor de las proclamas patrióticas del Gobierno. No le faltaron, pues, los estímulos literarios, y
prueba de ello es que, además de escribir en 1812 el poema titulado *El paso honroso,* tuvo tiempo de preparar
el volumen de su *Poesía* que apareció en Cádiz, una vez
terminada la guerra, en 1814.

De la primera producción puramente lírica de Saavedra me ocuparé en el próximo capítulo, cuando comente
la segunda edición de sus obras de juventud. Tanto en
la de 1814 como en la de 1820 aparece el poema épico
El paso honroso, si bien se observan en la última varias
correcciones que no suponen variantes estilísticas ni estructurales de importancia [27]. Esta obrita narrativa en
octavas reales me parece particularmente interesante
porque Saavedra, con un seguro instinto, y demostrando
no encontrarse bajo la influencia de las ideas neoclásicas
oficiales del Madrid de Moratín y la afrancesada Academia, y patrocinadas en parte —y sólo en parte— por
Meléndez y otros de los poetas de la llamada escuela de
Salamanca, con un seguro instinto, iba diciendo, se orien-
ta hacia la lección de la épica heroica y de las fábulas
mitológicas de los siglos XVI y XVII. Prudentemente, puesto que sólo se trataba de ensayar las propias fuerzas en
un primer intento de narración heroica, el poeta eligió
un tema carente de complicaciones cuyo desarrollo exigía, más que la invención de episodios sorprendentes, de
intrigas y aventuras arriesgadas, una acción simple y
lineal que no distrajese del que parece ser el fin primor-
dial de los versos: la gracia descriptiva, las variaciones
sobre un mismo tema —el de los encuentros entre los
justadores— y una tensión lírica que impregna varios
de los momentos más sobresalientes del poema. El cual
no pasa de ser el comentario en verso del acta del célebre mantenimiento del paso honroso por parte de don
Suero de Quiñones y sus compañeros.

Que en este poema se hable de los dioses de la mitolo-
gía grecorromana no es de ninguna manera —y aunque
en la primera edición de *El moro expósito,* que es

---

[27] Dichas variantes pueden verse en Duque de Rivas, *Obras
completas,* vol. I, edición y prólogo de Jorge Campos, Madrid, 1957.

de 1834, se declare la intención de Saavedra de no valerse en adelante de ellos— un signo de neoclasicismo, pues ¿no son éstos parte esencial de la maquinaria épica renacentista y barroca? Y es interesante poner de relieve que el único caso de utilización de dicha maquinaria —es decir, de lo maravilloso pagano, de la intervención de los dioses— que encontramos en el poema una al prestigio tradicional de dicho procedimiento una exaltación del prestigio de la familia del poeta basada en el hecho histórico de que don Suero fuese uno de sus antepasados. Esta afición de Rivas a elegir como personajes de sus relatos a sus antepasados reales o verosímiles, que ya ha sido notada por Boussagol y otros de sus estudiosos, paralela al carácter autobiográfico, y complementaria de él, de algunos de los pasajes de su poesía épica, se advierte en las palabras que atribuye al dios del río Orbigo, en cuyas inmediaciones va a ser mantenido el paso honroso. Saavedra cuenta cómo don Suero, agobiado por sus preocupaciones amorosas y caballerescas, se queda adormilado cerca de la mencionada corriente y

> Creyó ver lentamente suspenderse
> de Orbigo la corriente sosegada,
> con nueva luz el aire enrojecerse,
> aclararse la selva enmarañada,
> los juncos y espadañas conmoverse,
> cobrar vida la orilla engalanada,
> y, entre la juncia, el agua cristalina
> levantarse con forma peregrina.
> Poco a póco los plácidos raudales
> se alzaban en columnas transparentes,
> sobre argentados ricos pedestales
> adornados de conchas diferentes.
> Subiendo por el aire, los cristales
> eran ya capiteles refulgentes,
> y sobre las columnas, con presura,
> se tornan en soberbia arquitectura.
> Una cúpula excelsa y atrevida
> forman, ciñendo el anchuroso espacio,
> de hielos y mariscos guarnecida
> y cerrando un magnífico palacio.
> Cornisas y arquitrabes de bruñida
> plata con los florones de topacio

ostenta, y guarnecidos de corales
los atrevidos arcos laterales.
        Las puertas de marfil son fabricadas,
con estrellas de acero y con follajes,
sobre robustos pernos sustentadas,
y adornadas de perlas y bagajes,
de refulgentes bronces trabajadas
las verjas y volados barandajes,
y de limpia esmeralda el pavimento
que sirve a la gran máquina de asiento.

Cuando el héroe está admirándola, se oye una música
celeste y aparece un coro de ninfas, al que sigue una
turba de silvanos que se enlazan con ellas en los pasos
de una danza, y, finalmente, la deidad del río, «de juncias
coronada», sacude los albos cabellos y la blanca barba,
y profetiza la victoria caballeresca y amorosa de don Suero, así como su matrimonio con la desdeñosa doña Luz,
que terminará por rendirse a los méritos de su enamorado. Y el numen fluvial termina su discurso con estas
proféticas octavas:

        «De esta preciosa unión, lustre de España,
saldrá una descendencia esclarecida,
terror del agareno en la campaña
y de Marte y de Temis protegida;
en cuanto el sol alumbra y el mar baña
respetada será, será temida;
que a manejar la pluma y noble espada
la tienen ya los hados destinada.
        Y un tiempo llegará que en su ribera
mire nacer el Betis caudaloso
un descendiente de esta unión primera,
que a Marte seguirá con pecho honroso;
y entre el estruendo de Belona fiera,
le dará Apolo el plectro sonoroso,
para que en alto metro y graves sones
haga eterna la hazaña de Quiñones.»

Como así fue, en efecto, pues su descendiente don Ángel de Saavedra, nacido en la Córdoba bañada por el
Betis, todavía convaleciente de sus heridas de guerra, escribió este poema entre el estruendo belicoso de la siti-
da Cádiz.

Como ya se ha dicho, *El paso honroso* carece de peripecias interesantes y se resiente, además, de seguir, casi paso a paso, una crónica, pero, en cambio, luce en él un dominio del verso y una habilidad descriptiva de atuendos, armas y ambientes verdaderamente notable, que el poeta no haría sino desarrollar en sus siguientes producciones. Se trata, sin duda, de un primer ensayo, pero en el que ya se anuncia el gran escritor en que Ángel había de convertirse.

Es claro que las poesías patrióticas no podían faltar en la producción rivasiana de aquellos años. No son originales y, en ocasiones, se atienen a las pautas recientemente marcadas por Quintana, Gallego y otros de los poetas más destacados de la época, pero no conviene olvidar que, fiel al propósito de que antes se ha hablado, la huella de la inspiración liricoheroica de Herrera es, junto a ecos de la poesía bíblica, no menos evidente que la de aquellos contemporáneos. Por lo demás, no se han examinado detenidamente, que yo sepa, las poesías patrióticas de Saavedra [28] desde el punto de vista estético, y no dispongo aquí de espacio para hacerlo; no obstante lo cual, creo conveniente dejar constancia de algunos de los aciertos que se encuentran en estas composiciones del novel poeta —al lado, desde luego, de los tópicos generales al uso—, aciertos que apuntan hacia la que será una de las principales características de su obra posterior: la imaginación desplegada en las descripciones, de la que son un magnífico ejemplo estos versos, escritos «en un campamento», en 1808, de la oda «Al armamento de las provincias españolas contra los franceses»:

> Llego a la esfera donde nace el día,
> allí mi fantasía
> cercana mira al cielo:
> y cual neblí, que hasta la parda nube

---

[28] Las poesías escritas por Rivas con motivo de la guerra, y recogidas posteriormente en sus obras son las siguientes: «Al armamento de España contra los franceses» (1808), «A la victoria de Bailén» (1808), «Al conde de Noroña» (1812), «A la victoria de Salamanca» (1812), «Napoleón, destronado» (1812), «España triunfante» (1814), «Al mismo asunto» (1814) y «A las artes después de la paz».

> veloz y altivo sube
> con presuroso arrebatado vuelo,
> así atrevida mi soberbia planta
> a los rojos celajes se adelanta,

versos que pueden competir —si no la totalidad de la composición a la que pertenecen— con los mejores escritos sobre la guerra que ardía en España.

En la oda «A la victoria de Bailén», que es del mismo año que la anterior, y en la que la nobleza del lenguaje y de la materia son evidentes, encontramos versos perfectamente tallados, por así decirlo, tales como los siguientes, en los que, una vez más, la imaginación descriptiva se impone: «arde el aire en relinchos encendido», «y dejan de la sierra la agria frente», «el vaciado metal aborta el rayo», con el espléndido y sorprendente final «y el raudo Betis grita / victoria, y en el mar se precipita», cuyo dinamismo contrasta con la escena lenta y solemne que dibujan los no menos bellos versos de «A la victoria de Arapiles», que son de 1812:

> y el ferviente cañón mudo y cautivo
> al vencedor altivo
> sigue, y rechina sobre el eje ardiente,
> con tardo paso, entre vencida gente.

El patriotismo de Saavedra, muy romántico e idealista, como se verá más adelante, no es el de un cantor nato de la guerra, y el mismo poeta lo reconoce cuando escribe en la composición dirigida, en 1812, «Al conde de Noroña», que

> no es duro el pecho mío
> ni se place con sangre, luto y llanto,
> ni con el son impío
> de la trompa, que infunde horror y espanto;
> que sólo sus delicias
> son de Venus los gozos y caricias.
>   Diome naturaleza
> sensible corazón, pecho amoroso
> y con dulce terneza
> de Citerea el fuego delicioso
> me prohíbe que cante
> el ardor de Belona fulminante.

Que estos versos fuesen escritos, en una ciudad sitiada, el mismo año que *El paso honroso* no pasa de ser una aparente contradicción, puesto que su autor, cuya personalidad todavía no se ha definido, se debate en ellos entre la insatisfacción que le producen sus poesías patrióticas y una tendencia hacia el tema erótico que resplandece en el poema de don Suero, cuyos combates adquieren un carácter simbólico muy diferente del carácter real de los combates en que Ángel fue herido. Más adelante hablará de encuentros caballerescos, de justas y torneos, de desplantes heroicos y tremendas heridas, pero nunca se complacerá en la descripción pormenorizadamente anatómica de las lesiones causadas por las armas, atento siempre a la actitud moral de los personajes y a su propio juicio sobre ella. Es verdad que Saavedra se ha complacido en ocasiones en describir escenas macabras, lo que ha sido calificado de casi insoportable por sensibilidades poco tolerantes, pero también lo es que, bien miradas las cosas, tales descripciones son una condenación de la crueldad y la violencia, de la que es un caso ejemplar la escena del reconocimiento de las cabezas semidescompuestas de sus hijos por parte de Gustios, en uno de los romances de *El moro;* y ello cuando no es denuncia de la fatal condición humana; todo lo cual obedece a la obsesión realista de buena parte de la poesía romántica.

CAPÍTULO III

LOS AÑOS DE SEVILLA
(1813-1819)

La batalla de Vitoria, que se riñó el 21 de junio de 1813, tuvo como consecuencia inmediata que se iniciase la evacuación de las tropas francesas que todavía quedaban en la península. El 21 de julio, Saavedra solicitó el retiro del servicio activo con residencia en Sevilla, a donde se fue a vivir a últimos de año y donde se encontraba cuando Fernando VII hizo su entrada en España, de vuelta de un cautiverio durante el cual había pedido a Napoleón que le hiciese su hijo adoptivo y le concediese el título de príncipe francés. Llegaba dispuesto a dar un golpe de Estado que iniciaría uno de los períodos más inestables de nuestra historia.

Como quiera que se han escrito muchas generalidades sobre la actitud política de nuestro poeta, así como sobre su evolución —generalidades de las que ofreció el modelo la ambigua biografía de Díaz—, sin que se haya tratado de comprender objetivamente los motivos de su actuación pública, creo oportuno, con objeto de facilitar la formación de un juicio sobre ella, referirme a los hechos históricos que la determinaron[29]. El 11 de diciembre de 1813, el tratado de Valençay devolvió a Fernando la corona de España, y a partir de aquel momento las fuerzas de la reacción española empezaron a conspirar para

---

[29] Para este asunto, me baso, además de en la historia general de España, en É. Témime, A. Broder, G. Chastagnaret, *Historia de la España contemporánea. Desde 1808 hasta nuestros días*, trad. de Albert Carreras, Barcelona, 1982, pp. 32-33, y J. Fontana, *Op. cit.*, pp. 85-96 y 259-260.

abolir la Consitución liberal que las Cortes de Cádiz habían dado al país el año 1812. Las cosas llegaron al extremo de que sólo la actitud de la guarnición militar de Madrid, que era proconstitucional, pudiera evitar, en febrero de 1814, un golpe de Estado contra la Regencia en el que estaba muy comprometido el clero.

El 16 de abril, el rey, tras haberse detenido en Zaragoza y haber cambiado impresiones con sus consejeros íntimos en Daroca y Segorbe, entró en Valencia decidido a no aceptar la Constitución, seguro, dado el entusiasmo popular con que estaba siendo recibido en el país y el apoyo de la Iglesia y una parte del ejército, de que no encontraría una resistencia seria a sus propósitos. La noche del 10 de mayo, las tropas anticonstitucionales, que habían ocupado Madrid, sacaron de sus camas a los liberales denunciados por las conspiraciones y encarcelaron a gran cantidad de ellos. El 11 fueron cerradas las Cortes y se publicó el decreto dado en Valencia por el rey el día 4, en virtud del cual, y apoyándose en las «decididas y generales demostraciones de voluntad de [sus] pueblos», declaraba el rey que su «real ánimo es no solamente no jurar ni acceder a dicha Constitución ni a decreto alguno de las Cortes [...] a saber, los que sean depresivos de los derechos y prerrogativas de mi soberanía [...], sino el declarar aquella Constitución y tales decretos nulos y de ningún valor y efecto, ahora ni en tiempo alguno, como si no hubiesen pasado jamás tales actos, y se quitasen de en medio del tiempo...». Así pagaba Fernando a quienes habían derrotado a los invasores, contribuyendo, para lograrlo, con un esfuerzo que en muchos casos, como el de Ángel de Saavedra, había llegado al derramamiento de sangre. Así, y con la persecución de muchos constitucionalistas y de no pocos sospechosos de serlo; una persecución que, como acabamos de ver, había empezado antes de que el rey fuese delirantemente acogido en Madrid por un pueblo, manipulado por la reacción, que había luchado contra los franceses pero no lo había hecho, al parecer, para autogobernarse, sino para obedecer al trono y al altar.

El restablecimiento del absolutismo fue acogido con júbilo enardecido por parte de quienes veían caer a una Regencia que había sido la verdadera ganadora de la guerra y con la que Saavedra había colaborado activísimamente. El barón de Maldá, por ejemplo, llegó a expre-

sarse en estos términos: «¡Viva el restablecimiento de
la Santa Inquisición y viva Fernando, su restaurador, y
acaben para siempre los herejes, incrédulos, ateístas, liberales y constitucionales, y huyan a lo menos como
búhos y otras aves nocturnas!» [30] Saavedra, que era liberal y constitucional, no huyó como un ave nocturna y
se limitó a ponerse al margen de la Corte, residiendo
en Sevilla, y a guardar, de momento, un silencio que
convenía, como veremos en seguida, incluso a sus acucian-
tes intereses económicos. Y no parece que puedan caber
dudas serias sobre la desilusión y la alarma que debió
producirle la actitud de poetas como Javier de Burgos,
que escribió una oda titulada «El triunfo del rey don
Fernando VII sobre los anarquistas de España», y como
su amigo Arriaza, que se unió con sus versos a una actuación política que había empezado bajo los más negros auspicios, uno de los cuales era la tacha de «anarquistas» con que eran calificados los liberales, y no sólo
en los versos de Burgos.

«Los literatos españoles —escribió años más tarde Alcalá Galiano— se habían convertido en políticos, y con
muy pocas o ninguna excepción se habían alistado al
lado de las Cortes o los franceses. Cuando el rey de España fue restaurado en el trono, se declaró opuesto a los
dos partidos, y no con poca severidad. La mayoría de
los españoles ilustrados tuvieron que emigrar; algunos
fueron encarcelados. Mientras los restos de Meléndez quedaron sepultados en tierra extranjera, Quintana fue re-
cluido en una fortaleza y Martínez de la Rosa enviado
a convivir entre presidiarios en un horrible castillo de
la costa africana» [31]. ¿Cómo no había de impresionar a
Saavedra el destino de estas figuras tan nobles y tan queridas y admiradas por él? Tanto por sus experiencias
personales como por el ambiente ideológico en que se
desenvolvieron sus actividades durante la guerra, hay que
que reconocer con J. Chabás que «el espíritu revolucio-

---

[30] R. de Amat, *Calaix de sastre*, 26 de agosto de 1814. La
cita ha sido traducida por J. Fontana en *Op. cit.*, p. 260.

[31] Antonio Alcalá Galiano, *Literatura española del siglo XIX.
De Moratín a Rivas*, traducción, introducción y notas de Vicente Llorens, Madrid, 1969, p. 37.

nario del siglo XIX influyó en Ángel de Saavedra, durante su juventud, más que el de casta [32].

No es cierto lo que dice Nicomedes-Pastor Díaz, fundándose en unas declaraciones interesadas de Juan Remigio que han sido desmentidas por las investigaciones de Boussagol, que Fernando VII se mostrase satisfecho de los servicios de los hermanos Saavedra y los hiciese objeto de sus elogios. La verdad es que el rey se mostró muy reacio a favorecer a Ángel, y prueba de ello es que éste, viéndose obligado a procurarse unos ingresos que le diesen para vivir con cierto desahogo y para terminar de curarse, solicitó, invocando sus heridas de guerra, que el rey le concediese una renta de cualquiera de las órdenes militares. Lo solicitó cuatro veces y otras tantas le fue denegado mediante el silencio administrativo. En vista de ello, pidió que se le atribuyese el grado de brigadier, a lo que tampoco accedió Fernando. Por fin, en mayo de 1814, le fue concedido el grado de coronel agregado al Estado Mayor de la plaza de Sevilla, lejos de una Corte de la que el poeta no quería formar parte.

El caso de Ángel de Saavedra no fue excepcional sino en el sentido de que consiguió, cuando menos, un sueldo pasablemente decente —otorgado tal vez en consideración a su pertenencia a la aristocracia y al odio que Godoy había sentido por su hermano el duque—, pues no fueron pocos los militares que pasaron hambre durante los años de tiranía fernandina [33], se encontrasen o no en servicio activo.

Una vez instalado en Sevilla, donde permaneció, habiéndose ausentado poco de aquella ciudad, hasta 1819, mantuvo un trato asiduo con un grupo de literatos de entre los que destacaban Ranz Romanillos, Arjona y Vargas Ponce, todos ellos afectos al neoclasicismo y ninguno con categoría de primera figura, de los que recibió muestras, al parecer sinceras, de afecto y admiración. Si hasta entonces había probado sus fuerzas en la lírica y en la épica, el período sevillano es el de la iniciación dramática de Saavedra. Durante él escribió cinco tragedias, dos de las cuales se han perdido, y no dejó de cultivar, aunque sin la relativa asiduidad de los años anteriores, la poesía

[32] J. Chabás, *Nueva y manual historia de la literatura española*, La Habana, 1953, p. 262.

[33] Conf. Fontana, *Op. cit.*, p. 238 y nota.

lírica. Es claro que tanto la dificultad con que circulaban
las publicaciones extranjeras como la influencia de sus
contertulios sevillanos debieron de influir en la concepción neoclásica —cuando menos en su forma exterior—
de aquellas tragedias, pero no lo es menos que, tanto
por sus temas como por su expresión, fueron un buen
entrenamiento para el romanticismo rivasiano y, aunque
ello pueda parecer una paradoja, mucho más para el de
su gran poema *El moro expósito* que para su teatro romántico, el cual, en resumidas cuentas, puede reducirse,
en lo que tiene de novedad, al *Don Álvaro*.

Todas las tragedias que Saavedra escribió en Sevilla
son de tema medieval, lo cual obedece a una tendencia
que ya había sido iniciada en España a mediados del siglo XVIII. A. Peers ha contado, en este país, hasta cin-
cuenta y una obras dramáticas de tema medieval, ya
cristiano, ya musulmán, escritas entre los años 1750 y
1800 [34]. Y no debe omitirse el dato de que una de las obras
que proporcionarían materia poética a *El moro expósito*
fue la tragedia de su justamente admirado Nicasio Álvarez de Cienfuegos titulada *La condesa de Castilla*, que
fue publicada en 1816 y estaba escrita, como las rivasianas y *El moro*, en romances endecasílabos.

Cuando Rivas decidió publicar sus obras completas,
excluyó de ellas todo su teatro anterior al *Don Álvaro*
y, en consecuencia, todas sus tragedias, las cuales merecen, a pesar de ello, un estudio que no se ha realizado
hasta el presente. La primera de ellas, *Ataúlfo*, escrita a
finales del año 1814, fue prohibida por la censura y su
texto no ha llegado hasta nosotros. La titulada *Aliatar*
tuvo más suerte y fue estrenada en Sevilla el 8 de junio
de 1816, con un éxito bastante halagüeño para su autor.
Es una obra en cinco actos cuya acción, ateniéndose a
la unidad de tiempo aristotélica, empieza a las ocho de la
mañana y concluye antes de la medianoche del mismo
día. Aunque no se trate de una obra sobresaliente, es
preciso reconocer que en ella se dan ya bastantes de las
características que definirían el estilo maduro de Saavedra, una de las cuales es la idea, claramente expresada,
de que la Providencia protege siempre a los justos, siendo

---

[34] E. Allison Peers, *Historia del movimiento romántico español*, vol. II, trad. de José M.ª Gimeno, Madrid, 1967², páginas 465-468.

las otras la erección en protagonista del guerrero víctima de un grave conflicto amoroso, la apelación, un tanto
contradictoria, al Destino y a la fatalidad, y lo inevitable
de un resultado catastrófico que nos recuerda, por lo que
tiene de inexplicable y brutal, al *Don Álvaro*. Su fallo
más evidente es la ingenuidad de algunos de sus diálogos,
en los que el carácter de los personajes se nos antoja
demasiado monolítico.

Continuando su empeño de convertirse en dramaturgo,
Ángel escribió la tragedia *Doña Blanca de Castilla*, obra
que fue acogida fríamente por el público el 28 de noviembre de 1817, y que no ha llegado hasta nosotros porque
parece haberse perdido cuando el poeta se fugó, años
más tarde, a Gibraltar. Pero fue entre 1818 y 1819 cuando
realizó el más ambicioso de sus experimentos en este
terreno: la tragedia titulada *El duque de Aquitania*, con
la que pretendía emular al teatro de Alfieri, cosa que
declara, en los endecasílabos de la dedicatoria de la obra
a su hermana María de la Candelaria, con las siguientes
palabras:

> La atroz venganza del inaquio Orestes,
> que allá en remotos siglos vio, extasiado
> de Atenas el magnífico liceo,
> y en nuestros días con mayores glorias
> resucitó el ingenio honor de Italia
> mi guía ha sido en tan audaz empresa.

Se trata, pues, de una venganza familiar llevada a cabo
por una hermana y un hermano contra el tío asesino
de su padre y usurpador de su trono. La obra responde
en casi todo —como por supuesto las demás tragedias
rivasianas de este período— a los preceptos alfierianos
expresados en la contestación a Calzabigi: «La tragedia
en cinco actos, llenos, por cuanto al asunto se refiere,
por el asunto único; dialogada por personajes sólo acto-
res, y no consultores o espectadores; la tragedia urdida
con un solo hilo: tan rápida como se pueda, sirviendo
siempre a las pasiones, que todas quieren más o menos
prolongarse; simple hasta donde el uso del arte lo con-
sienta; sombría y feroz, en cuanto lo sufra la naturaleza; cálida en cuanto de mí dependía.» Todas estas características son, en absoluto, las de *El duque de Aquitania*,
obra en la que no falta la fragmentación del verso por

el diálogo —verso endecasílabo blanco en Alfieri, roman-
ceado en Rivas—, pero sin llegar al exagerado manierismo
del italiano. «Es un tipo de tragedia —ha escrito Pompeati al comentar las líneas transcritas— indudablemente
lejano del francés, que se complacía con el gusto de los
episodios accesorios y de la intriga amorosa, mientras
del amor en la tragedia Alfieri escribía —también a Calzabigi— de esta manera: "Si el amor se introduce en
las escenas, debe ser para hacer ver hasta dónde esta
pasión, terrible para quien la conoce por experiencia,
puede llevar sus funestos efectos: y ante tal representación aprenderán los hombres a evitarla, o a profesarla,
pero en toda su inmensa capacidad; y de hombres grandemente apasionados, o grandemente desengañados, nacen siempre grandísimas cosas." En suma, el amor ad-
quiere derecho de ciudadanía escénica sólo a condición
de adecuarse él también a la medida y al tono de las
pasiones heroicas, y de no humillarse a la intriga galante
y mundana»[35]. En vista de lo cual, hay que perdonar a
Boussagol cuando dice de la tragedia rivasiana en general, aunque en el caso de *El duque de Aquitania* reco-
nozca la influencia alfieriana declarada por su autor, que
obedece al modelo de la tragedia francesa. Es un rasgo
de patriotismo que debe ser admitido en tan devoto estudioso de Saavedra, aunque el examen de estas obras
demuestre que el amor que manifiestan sus personajes
es exactamente el llevado a la escena por Alfieri, que las
intrigas accesorias faltan absolutamente en ellas, que los
personajes dialogantes son los que realizan las acciones,
que la historia es simple, densa y rápida, y a veces feroz,
y que la escansión de la frase y los recursos retóricos
son un bien asimilado trasunto de los del poeta italiano.

Si hago hincapié en esto es porque —quitadas la característica formal de la unidad de tiempo, la carencia
de episodios secundarios o laterales y la unidad del verso— todo lo que Alfieri predica de la tragedia se cumple
en *Don Álvaro*, lo que demuestra —si no me equivoco
en mis apreciaciones— que el germen del romanticismo
ya había prendido en el ánimo de Rivas años antes de
su exilio por influjo de un escritor de transición —de un
prerromántico, como suele decirse— que durante aquellos

[35] Arturo Pompeati, *Storia della letteratura italiana*, vol. III,
Torino, 1977², p. 566.

años era admirado por las minorías cultas españolas. Por lo demás, en esta tragedia saavedrina, lo mismo que en las otras suyas, hay versos que habrían podido ser transcritos por su autor en los romances de *El moro* sin violentar su romántico texto. Sirvan de ejemplo éstos de la escena primera del acto tercero de *El duque de Aquitania:*

> Del alto Cielo
> ya se desploma resonante el rayo
> tremendo y vengador sobre su frente,
> que, aunque a veces tolera a los malvados
> para azote del mundo, al fin los hunde
> y llega, inexorable, a castigarlos.

Los fructíferos ensayos de esta primera estancia en Sevilla, si no dan por resultado obras definitivas, preparan sin duda dos de los grandes frutos del primer exilio: el primer poema narrativo y la primera tragedia de carácter plenamente romántico de la literatura española. Por lo demás, en *El duque de Aquitania* no falta, dirigida a los buenos entendedores, esta condenación de la tiranía:

> Dejad las armas
> que no son para apoyo de tiranos,
> sino para defensa de la patria.

Alcalá Galiano escribió en 1833 unos párrafos sobre la juventud de nuestro poeta que merece la pena copiar:

> Las diversiones de la vida elegante a que era muy dado cuando no ocupaban su atención los asuntos literarios, le impidieron seguir éstos con seria dedicación; su vida social llenaba todas aquellas horas que debió haber concedido al estudio y meditación, y a la atenta observación de la humanidad y a la comunión con la naturaleza [...], pues bien, entre esa sociedad y el campamento militar, no más favorable lugar que el primero para el cultivo de su espíritu, pasó su juventud Saavedra. Pero habiendo sido herido por un lancero polaco en los campos de Ocaña [...] su dolorosa y prolongada convalecencia le permitió disponer de algún tiem-

po, si no para el estudio, para la meditación. Obligado desde entonces a llevar una vida menos activa, empezó a dedicar sus ocios a la poesía. Puede decirse, sin embargo, que cortejó a la musa frívola y alegremente más que con sincera y grave pasión; por muchos años fue sólo su amante casquivana, últimamente se ha convertido en objeto de profunda y seria afección [36].

Estas líneas resultan lo bastante confusas como para hacernos pensar que el trabajo poético de Sevilla, así como el que había llevado a cabo en Cádiz, fueron efecto de una amable frivolidad; y ya hemos visto que fue precisamente este período, que se extiende de 1810 a 1819, el fundamental para la formación de nuestro poeta. Que sus mejores frutos se empezaran a recolectar durante el exilio no quiere decir que, antes de él, Saavedra no se hubiese tomado en serio la poesía y hubiese renunciado, una vez fuera de España, a la vida social. Por el contrario, en Malta frecuentó a la mejor sociedad de la isla, y sabemos que, ya en Francia, se fue a Tours —donde es muy probable que Alcalá Galiano escribiese estas líneas— para poder tratarse con los españoles que se encontraban exiliados en dicha ciudad. Aunque más adelante se tratará del enriquecimiento cultural que supuso para Saavedra su forzada ausencia de España, no creo que esté de más, para evitar después interpretaciones simplistas, esta pequeña anticipación a tan interesante tema.

Por lo pronto, Ángel siguió divirtiéndose en Sevilla y, en la medida que se lo permitían sus mermadas fuerzas, entregándose a ejercicios físicos más o menos violentos. Prueba de ello son las dos poesías de Vargas Ponce en que le reprocha sus aficiones taurinas, o más bien de ganadero. La primera de ellas es un romance que lleva el largo título de «Al torero Saavedra, alias el Pillo Cordobés... antes don Ángel de Saavedra, poeta esclarecido», que es de 1815, del que copio unos cuantos versos:

> ¡Bárbaro que así desluces
> los presentes de natura,
> y en demonio, siendo *ángel*,
> tu torpe sandez te muda!

---

[36] *Op. cit.*, pp. 122-123.

> Antes que tan nobles prendas
> empañe gentil locura,
> la plebeya y vil garrocha
> niega a tu mano... y escucha.

Vargas le recuerda que es el poeta de don Suero, de Ataúlfo y de Aliatar —lo que demuestra que esta obra, estrenada en 1816, ya estaba escrita el año anterior—, todo lo cual hace de él un nuevo Lucano; le recuerda también sus gloriosas heridas de guerra y casi termina con estos versos de dudoso gusto:

> ¡Ojalá que negro toro,
> ministro del ser que injurias,
> con su media luna te abra
> vergonzosa sepultura!
> ¡Ojalá!... ¡Qué mal que finjo!
> Plegue al cielo darte cura
> como a tus heridas nobles
> y a queja que mi alma inunda.

La segunda poesía de Vargas Ponce es la epístola en *terza rima* que le dirigió desde Huelva el 9 de abril de aquel mismo año 1815, en la que, ya en un tono más filosófico, le dice:

> Ángel: fugaz la vida se escabulle;
> a su fin corre el hombre como todo,
> y de esta ley fatal en vano huye,

y, tras haber formulado un breve *ubi sunt*, y haberle recordado sus prendas poéticas y la clase de actividad a que le obligan, le anima a trabajar en su obra literaria y, cómo no, en la pictórica, para terminar así:

> Yo quiero a mi nación formar un hombre,
> yo te quiero la honra de tu siglo:
> Canta a Cortés, enlázate a su nombre,
> y tu pincel en mí copie un vestiglo,

versos que demuestran que su autor se sentía de alguna manera maestro de Ángel y que, a pesar de la flojedad de su inspiración, no le faltaba sentido profético.

La respuesta al romance se hizo tardar, o bien hay un trabucamiento de fechas, pues está datada en Córdoba, donde tal vez estuviese pasando una temporada nuestro poeta, en marzo de 1817. Se sabe que Ángel iba de vez en cuando a la ganadería de toros bravos del duque de Veragua, que era pariente suyo, y que solía bregar a caballo con las reses. Ahora, el interesado nos entera, tras de alabar a los antiguos que sabían acomodarse a los usos y costumbres de las tierras en que se encontraban, de que lo que él hacía era dedicarse a domar reses bravas,

> No cual dices, insano y riguroso
> destrocé al animal que es grato a Ceres;
> antes bien, le hice a Ceres provechoso,

y la emprende, luego, contra los ejercicios crueles de la caza, a los que él no era aficionado, tal vez porque Vargas se hubiese entregado alguna vez a ellos, para terminar asegurándole que también se dedica a la poesía y a la pintura:

> Pronto conocerás que te engañaste
> cuando escuches mil himnos y canciones
> cual jamás en mi cítara escuchaste.
> Y cuando el tuyo y otros corazones,
> al ver de doña Blanca el fin lloroso,
> sientan de espanto pena y sensaciones;
> pues Melpómene heroica el horroroso
> suceso de esta reina desgraciada
> ha inspirado a mi acento lastimoso.
> Ni tengo a la pintura abandonada,
> que el lienzo maticé con los colores
> retratando a Lucrecia desmayada,
> luchando con la muerte y sus horrores,
> y aquella heroica sangre derramando,
> salud de esclavos, muerte de opresores.

También es de 1817 el soneto que Juan Nicasio Gallego escribió en alabanza de Ángel de Saavedra, el cual reza como sigue:

    Tú, a quien risueño concedió el destino
(digna ofrenda a tu ingenio soberano)
manejar del Aminta castellano
la dulce lira y el pincel divino *;
    vibrando el plectro y animando el lino,
logres, Saavedra, con dichosa mano
vencer las glorias del cantor troyano,
robar las gracias del pintor de Urbino.
    Lógralo, y logre yo, si más clemente
me mira un tiempo la áspera fortuna,
que ora me niega en blando son loarte,
    tejer nuevas coronas a tu frente,
ya esclarecida por tu ilustre cuna,
ya decorada del laurel de Marte.

Toda esta parafernalia poética demuestra, si no otra
cosa, que Ángel era un niño mimado de la sociedad literaria sevillana, y no sólo de la literaria, a pesar de lo
cual no se entregaba al ocio improductivo y seguía cultivando sus aptitudes de poeta y pintor.

No sabemos cuáles fueron las circunstancias en que el
poeta se vio obligado a escribir una poesía «Al Rey Nuestro Señor, que se dignó presenciar el ejercicio general de
los escuadrones de la guardia de su real persona, hon-
rándolos en seguida con ponerse a su cabeza». Lo más
interesante de ella es la nota que él mismo le puso:

    Esta composición, escrita a insinuación del rey,
    y que tuvo la honra de ser leída a Sus Majestades,
    teniendo la bondad la misma reina de alumbrar
    con una vela, que con su reales manos alcanzó de
    un candelabro, no mereció la aprobación del juez
    de imprenta, quien prohibió su publicación. Este
    incidente ocasionó una polémica muy original en-
    tre el autor y el juez, en que intervino el célebre
    literato Manuel María de Arjona, y que divirtió
    mucho al rey Fernando. Quien, finalmente, cortó
    generosamente la controversia, mandando termi-
    nantemente la impresión.

---

    * Se refiere a Juan de Jáuregui, poeta, pintor y traductor
del *Aminta* de Tasso.

La poesía es de poco mérito y resulta difícil encontrar en ella nada que pueda herir la susceptibilidad del más quisquilloso de los censores. A no ser que, de entre los estereotipados tópicos y fríos halagos cortesanos, se entresaque la exclamación «¡Ay, cuánto afán, y hazañas, y fatigas / costaste a tu nación», que tal vez tuviese segundas intenciones, o bien estos cuatro versos, de los que el juez pudo pensar que se referían, mediante el presente de indicativo del último de ellos, no a la época de la guerra, sino al momento en que fueron escritos, lo que parece mucho afinar: «Confusión, heroísmo, sangre, duelo, / altísima constancia, valentía, / infortunios, amor al rey Fernando / a un tiempo *llenan* el hispano suelo...» ¿No sería la fama de liberal de Saavedra la que excitaría la susceptibilidad del censor?

En mayo de 1819 Ángel estaba en Córdoba, y el día 30 de dicho mes leyó en la junta pública que celebró la Real Sociedad Patriótica un discurso en el que, tras criticar a toda tiranía, cita elogiosamente a Jean Jacques Rousseau, al que sólo llama «el filósofo de Ginebra», tal vez para no despertar recelos; aboga por la educación pública y traza una triste pintura de la ignorancia española, para lamentarse de que no sean «las encantadas márgenes del Betis lo que fueron en tiempos de los árabes». Ataca en seguida al espíritu de rutina y a la oposición a las innovaciones y alega la autoridad de Adam Smith en pro del aumento de la población española, que considera indispensable para la industrialización del país, que debe volver a unos tiempos tan prósperos como los de Almanzor. En este discurso, lleno de sobreentendidos e indirectas, Saavedra se muestra, aunque cautamente, como el liberal moderado que era desde los tiempos de Cádiz, pues todavía no se había convertido, cosa que no tardaría en suceder, en un exaltado, gracias al asiduo trato que, poco después, tendría en la misma Córdoba con Alcalá Galiano.

El 4 de diciembre Ángel se encuentra en Madrid y firma una instancia dirigida al rey en la que hace valer que su residencia en Sevilla «le obliga a vivir separado de su hermano el Duque de Rivas (residente con permiso de Su Majestad en la ciudad de Córdoba), causándole esta separación incomodidades de magnitud, y gastos que no puede soportar por el atraso que experimenta en el percibo de sus haberes», por lo que pide ser trasladado a Córdoba «para que con el sueldo y los auxilios y compañía de su mecionado hermano pueda vivir más cómodamente, como lo exige su quebrantada salud» [37], lo que le fue concedido el día 10 de diciembre.

37 Conf. Boussagol, *Op. cit.*, p. 466.

CAPÍTULO IV

EL LIBERAL EXALTADO
(1820-1823)

El permiso de residencia en Córdoba le fue concedido a Saavedra unos días antes de que estallase la sublevación de Riego. En realidad, desde que Fernando VII dio el golpe de Estado de mayo de 1814, no hubo una verdadera paz en España, pues se vio turbada por una serie de fracasados pronunciamientos militares y por el desorden político y financiero del país, al que un gobierno de nulidades y fanáticos no fue capaz de poner coto. «Que la burguesía española se inclinase hacia las formas de gobierno constitucional —ha escrito Josep Fontana— era algo lógico y razonable. Incluso quienes no habían tenido ocasión de vivir bajo el régimen del liberalismo gaditano, como les sucedía a los habitantes de Barcelona, se sentían en 1814 ganados por "las quimeras de su constitución", según decía el cónsul francés, quien añadía que, salvo el pueblo bajo, fanatizado por los frailes, "el resto de la gente sólo piensa en la constitución". Pero una simple adhesión ideológica es un hecho de escasa importancia comparado con la participación activa de esta burguesía en los movimientos revolucionarios encaminados a derribar el régimen absoluto, un fenómeno que hubiera sido inimaginable antes de 1814»[38]. Advierte a continuación Fontana que la serie de movimientos revolucionarios que se frustraron entre 1814 y 1820 no ha sido bien estudiada, y aclara que los pronunciamientos no fueron acciones esencialmente militares ni tuvieron por objeto dar un lugar predominante en el gobierno a los jefes

[38] J. Fontana, *Op. cit.*, p. 243.

del ejército, ya que éstos no tenían un objetivo distinto de los de la sociedad en que vivían [39].

A la luz de estas precisiones históricas se puede comprender por qué la sublevación iniciada por Riego el 1 de enero de 1820, al proclamar la Constitución de 1812 en Cabezas de San Juan —una revolución que había sido preparada en Cádiz por los liberales, tomando como pretexto el descontento de las tropas que no querían ir a América— no tardó en ser secundada por los muchos descontentos de otros pueblos y ciudades. En realidad, lo que buscaban los autores intelectuales de la insurrección era que los hispanoamericanos, al ser restaurada la Constitución del 12, se sintiesen iguales al resto de los españoles y no deseasen la independencia.

Riego, al frente de 1.600 hombres, recorrió ciudades y pueblos andaluces proclamando la Constitución. Fue un paseo militar que duró dos meses sin que, durante él, se opusiese una resistencia seria a las tropas que lo realizaron. El ejemplo de Riego cundió de tal manera que en febrero se proclamó la Constitución en La Coruña, Asturias, Murcia, Zaragoza, Tarragona, Segovia, Barcelona, Pamplona y Cádiz. El 4 de marzo fue proclamada en Ocaña... Antes de que el rey cediese al movimiento constitucionalista, fueron asaltadas varias cárceles y otros locales de la Inquisición, se destruyeron sus archivos y se puso en libertad a sus presos, muchos de ellos políticos. En Barcelona se demolió el palacio de dicho tribunal. Por fin, el 7 de marzo, Fernando VII prometió —con segundas intenciones— la vuelta al régimen constitucional y dos días después se publicó un decreto en virtud del cual se suprimía la Inquisición. Ese mismo día, el rey juró en las Cortes la Constitución de 1812, «y a nadie en aquel día le vino al pensamiento —ha escrito el poeta Manuel José Quintana— que semejante solemnidad fuese farsa, el monarca un perjuro, y la nación española allí representada un rebaño vil mofado y escarnecido».

El mismo Quintana, testigo presencial de aquellos acontecimientos históricos y hombre de reconocida objetividad e intachable moralidad, cuenta a su amigo el hispanista Lord Holland que «el partido vencedor —es decir, el constitucionalista liberal— siguió la senda de moderación y templanza que convenía a la nobleza de su causa,

---

[39] *Op. cit.*, pp. 243-244 y nota 50.

D. ALVARO,

ó

LA FUERZA DEL SINO,

DRAMA ORIGINAL EN CINCO JORNADAS,

Y EN PROSA Y VERSO,

de Don Angel de Saavedra,

Duque de Rivas.

MADRID:
IMPRENTA DE DON TOMAS JORDAN,
1835.

y se ganaba el respeto y la admiración de propios y extraños. Los mismos que, después de haber sufrido tantos años de destierros, en presidios o en calabozos, salieron a la luz y al poder, el primer uso que hicieron del poderoso influjo que tenían fue interponerse en medio de sus verdugos y de sus defensores, y servir a los unos de escudo, a los otros de freno y consejo. Así coronaban la gloria adquirida en aquella persecución, llevada por ellos con una entereza y una dignidad de que la historia presenta muy pocos ejemplares».

Saavedra no pensaba, de momento, meterse en política. «Mozo gallardo, alegre, ameno en su trato, de ilustre familia, y celebrado ya por sus campañas e interesante por sus heridas —escribe Juan Valera—, don Ángel de Saavedra, que era muy enamorado, hubo de ser bien correspondido, y más, si se atiende a que la sociedad elegante del tiempo de Carlos IV no pecaba por lo austera»[40]. Y casi a renglón seguido, y después de haberse referido a algunos de los nombres femeninos arcádicos que figuran en las poesías juveniles de Rivas, declara que el de Olimpia oculta a una «alta señora de título», lo cual, de haberlo tenido en cuenta algunos de sus biógrafos, les habría orientado, cuando tal vez aún era tiempo, en sus investigaciones sobre la personalidad de esta mujer. Así Boussagol —quien, por lo demás, obtuvo de las suyas resultados de gran interés— nunca habría pensado que la hija de los marqueses de Villaseca era tal alta señora de título, pues nunca heredó el marquesado que ostentaban sus padres y, puesto que se metió monja en 1824, como el mismo Boussagol averiguó, tampoco pudo acceder al disfrute conyugal de otro título.

Digo lo anterior porque durante el año 1819, el mismo en cuya primavera se encontraba en Córdoba, ciudad a la que, como sabemos, se fue a vivir a finales de dicho año, escribió, cuando menos, catorce poesías dedicadas a la mencionada Olimpia. Era sin duda muy tentador pensar que la inspiradora de estos hermosos poemas de Ángel fuese una joven cordobesa —María Victoria, la hija de los Villaseca, había nacido en noviembre de 1796 y

---

[40] Juan Valera, «Don Ángel de Saavedra, Duque de Rivas», en *Obras completas*, vol. II, Madrid, 1942, p. 721. (Este trabajo se publicó por vez primera en *El Ateneo*, Madrid, 15 de diciembre de 1888.)

tenía, a finales del 19, veintitrés años— con la que vivió, de vuelta en su ciudad natal, una apasionada aventura amorosa. Sin embargo, la lectura de los mencionados poemas no induce a pensar de esta manera. Como el mismo Boussagol reconoce, tras desechar su hipótesis, Saavedra había tenido un trato sentimental con Olimpia en Aranjuez, en Madrid, en Córdoba y en Sevilla, y es muy posible, debo añadir, que dicha señora aparezca disfrazada con otros nombres arcádicos en las poesías anteriores a las de 1819. Sea de ello lo que quiera, la debió encontrar en Córdoba —seguramente en la primavera de este año, pues no parece natural que escribiese todas las poesías a ella dedicadas en los últimos días de diciembre— y llevase a cabo una última, y tal vez desesperada, tentativa por rendir su voluntad.

Es muy posible que Ángel tratase de consolarse de la conducta, al parecer coqueta, de Olimpia, mediante el trato de su pariente María Victoria —su madre era una Saavedra— y que terminase por encariñarse con ella. Boussagol nos entera de que esta joven, de precoz inteligencia y extremada religiosidad, había visto en 1810 cómo los invasores franceses saqueaban el convento del Carmelo Descalzo y quemaban los libros de la biblioteca y los infolios de los archivos, a consecuencia de lo cual había hecho voto de consagrarse a Dios si echaba de España a los invasores. Esta joven patriota era aficionada a la historia, a la geografía, al francés, al dibujo y a la música... y tenía una hermana, llamada Carmen, con la que Juan Remigio, el duque, se casó en 1821, y de la que quedó viudo, a consecuencia del nacimiento de un niño muerto, en 1822. No cabe, pues, duda de que Ángel tuvo sobradas ocasiones de tratar a María Victoria y de interesarse por ella, y su interés debió de ser tan grande que ambos estuvieron a punto de contraer matrimonio, probablemente en 1822, si bien la prometida, temiendo tal vez que la muerte de su hermana fuese un aviso del cielo, terminó por cumplir su voto de tomar los hábitos [41].

En 1820, Saavedra escribió la tragedia *Malek-Adhel*, basada en la novela de Mme. Cottin *Matilde*, que había de ser traducida al español, en 1821, por García Suelto. Siguiendo el modelo formal de las anteriores, es decir, reduciendo la abundantísima materia narrativa de la auto-

---

[41] Para este asunto, V. Boussagol, *Op. cit.*, pp. 24-28.

ra francesa a cinco actos en endecasílabos romanceados,
y logrando ingeniosamente que la acción se desarrollase
del amanecer a la medianoche de un mismo día, Saavedra compuso una obra de corte netamente alfieriano en
la que el amor heroico de una princesa británica y un
príncipe turco de las Cruzadas termina catastróficamente
debido a que el amante, Malek-Adhel, que era hermano
de Saladino, no consiente en convertirse al cristianismo
para desposar a Matilde, hermana de Ricardo Corazón
de León, y ceñir, al hacerlo, la corona del reino de Jeru-
salén. Dejando aparte la falta de calidad de la obra
de Mme. Cottin, no cabe duda de que Saavedra habría
podido conseguir con este argumento, de haberlo tratado
de manera distinta a como lo hizo, una obra llena de interés y emoción; pero el tratamiento de los personajes
es tan desigual desde el punto de vista psicológico que
maravilla un poco que todos ellos fuesen concebidos, por
así decirlo, simultáneamente. En realidad, el único carácter convincente es el de Malek-Adhel, hombre heroico,
generoso, fiel a su familia, a su pueblo y a su religión y
amante respetuoso y caballeresco. En contraste con él,
el carácter de Guillelmo, arzobispo de Tiro, al que ha
salvado la vida dos veces Malek-Adhel, y que es el respon-
sable de la frustración de sus amores, se nos aparece
como el de un fanático, en el que la generosidad, el agra-
decimiento y el deseo de paz ceden ante una intransigen-
cia religiosa carente de caridad que Saavedra trata de
presentar —y éste es el gran fallo de la obra— como sublime santidad. No más convincente es el carácter de Matilde, demasiado influido por el de Guillelmo y, en consecuencia, inconsistente y contradictorio. Y no son más
convincentes los de Lusiñán, el rival en armas y amores
del príncipe infiel, y el desdibujado del rey Ricardo. En
suma, *Malek-Adhel* es la menos afortunada de las tragedias de Saavedra; y menos mal que es la inmediata pre-
decesora de *Lanuza* y *Arias Gonzalo*, tal vez las mejores
de todas.

Fue también en 1820 cuando Ángel decidió publicar una
segunda edición aumentada y revisada de sus poesías,
para lo cual empezó por enviarle las que tenía pasadas
a limpio a Juan Nicasio Gallego, que se hallaba a la sazón confinado por el gobierno absolutista en la cartuja
de Jerez, con objeto de que emitiese un juicio sobre
ellas. No debió ser malo, pues en 1820 apareció un tomo

con las poesías líricas y, en 1821, el segundo y último, compuesto por *El paso honroso, El duque de Aquitania, Malek-Adhel* y un «Himno patriótico para la Milicia Nacional de Córdoba».

Como ya me he ocupado del poema y las tragedias del segundo tomo, me centraré a continuación en el examen de la poesía lírica del primero, excluida la de carácter patriótico, a la que se ha hecho referencia en el capítulo II de este libro.

«Jamás —dice Valera, con admirativa exageración— hubo poeta más espontáneo que don Ángel. Es seguro que todas sus retóricas y poéticas, si las tuvo, se quedaron en el Seminario de Nobles, y no le sirvieron de estorbo ni necesitó encerrarlas con cien llaves para que no le atolondrasen con sus preceptos cuando se ponía él a versificar. Y es seguro también que don Ángel no supo, ni entonces, ni después, ni nunca, veinte versos franceses; pero, en cambio, si lo que han escrito en verso los españoles desde el origen de la lengua se hubiese perdido, él hubiera podido formar un precioso y rico florilegio con cuanto guardaba en la memoria»[42]. Lo que Valera quiere decir es que Saavedra nunca fue un verdadero secuaz de la corriente neoclásica de inspiración francesa y creo que, en esto, tiene toda la razón. El mismo Saavedra declara al frente de su edición gaditana de 1814, refiriéndose a las poesías en ella incluidas, que «En todas ellas he procurado imitar la sencillez en el modo de decir y de presentar los pensamientos que ostentaban nuestros mejores poetas del siglo XVI. Y aunque no me lisonjeo de haberlo conseguido, me contento sólo con haberlo intentado.»

Refiriéndose a los primeros ensayos poéticos de Saavedra, Alcalá Galiano dice que «su aspiración era escribir como Herrera y Rioja, pero mientras copiaba el estilo, lo agraciaba con la fluidez que ellos no tenían; la fluidez y la deliciosa dulzura de Lope de Vega y Balbuena. Estas son, después de todo, las únicas bellezas que encontramos en los primeros escritos de Saavedra. Otros poetas españoles tuvieron más imaginación, pero pocos o ninguno pudieron expresarse tan bien. En los volúmenes de poesías que publicó en 1820 hay algunos romances muy agradables, particularmente el que se refiere al epi-

---

[42] Valera, *Op. cit.*, p. 721.

sodio de sus heridas en el campo de batalla» [43]. No cabe duda de que Alcalá Galiano estaba escribiendo de memoria, puesto que el mencionado romance ya apareció en la edición de 1814 y pertenece a la primera fase del poeta, y de ahí que un juicio en el que falta toda referencia a las evidentes influencias de Garcilaso, Fray Luis, Góngora y Jáuregui, así como a las originales poesías a Olimpia, tenga que parecernos parcial por incompleto, aunque en él se destaque la espontaneidad de la versificación de Saavedra, por la que es de suponer que le comparase con Lope, y el colorismo y riqueza de detalles descriptivos, por los que sin duda le compara con Balbuena.

Pero no hay que llevar las cosas tan lejos como para negar la influencia en nuestro poeta del padre González, de Iglesias de la Casa y de Meléndez Valdés, es decir, de la llamada escuela de Salamanca, cuya poética fluctúa entre la influencia del neoclasicismo francés, pasado por el tamiz de Luzán, y una tendencia sentimental que acerca algunas de sus composiciones a los nacientes presupuestos del romanticismo en tanta medida, por lo menos, cuanto la poética de Alfieri, que, como sabemos, también influyó en Saavedra, se adelanta a las formas ideales de la poesía romántica. Rivas poseyó un seguro instinto de lector sensible, pues a lo largo de su obra se encuentra, además, huellas de la lectura de García de la Huerta, de Quintana, de Gallego y del todavía no suficientemente reivindicado Álvarez de Cienfuegos. Por lo demás, no hay más que leer, aunque ello no sea chico esfuerzo, los tres tomos de *Poetas líricos del siglo XVIII*, de Leopoldo Augusto de Cueto, destacado romántico y cuñado de Rivas, para convencerse de que, durante aquella centuria y los primeros decenios del XIX, siguió viva, a trancas y barrancas, la tradición nacional, desde aquel Gerardo Lobo que Ángel leyó en su infancia hasta los salmantinos y su discípulo Quintana.

Es cierto que en algunas de las primeras poesías de Saavedra se advierte el exagerado aunque comprensible prestigio de que gozaba Meléndez, pero pese a ello es necesario abandonar definitivamente el tópico del neoclasicismo lírico rivasiano. Nuestro poeta, en efecto, no fue nunca un verdadero neoclásico, sino que, muy por el

---

[43] Alcalá Galiano, *Op. cit.*, pp. 123-124.

contrario, se mostró, en la mayor y mejor parte de su poesía lírica anterior al destierro, como un continuador, casi un restaurador, de nuestra poesía de los siglos XVI y XVII en lo que ésta tuvo de más espontáneo y menos alambicado.

Careciendo de espacio para dedicar un detenido análisis al tomo de poesías de 1820 —en el que van incluidas las mejores de entre las publicadas en el de 1814— y recordando lo ya dicho sobre la musa patriótica de este período, conviene destacar en él los temas y expresiones que —sin ser exclusivas de ningún tiempo y lugar— muestran afinidad con la sensibilidad romántica. Así, en la poesía «El tiempo», de 1818, el poeta habla de su «atormentada fantasía» —nunca fue atormentada la de los neoclásicos— y describe un paisaje en el que

> Sobre las tumbas olvidadas crece
> el solitario cardo, entre las piedras
> hendidas penden las bastardas hiedras,
> que con triste silbido el viento mece,
> y en las horas nocturnas,
> el cárabo afligido,
> que acaso anida en las volcadas urnas,
> esparce por la sombra su alarido.

Al final de esta composición, la angustia vital del romanticismo se expresa de manera indubitable mediante las siguientes palabras:

> Como el raudo torrente
> nace en la sierra y corre en la llanura,
> y por más que se oponga a su corriente
> ora un profundo valle,
> ora de antiguo bosque la espesura,
> ora una alta colina o fuerte muro,
> abre espumoso a su carrera calle
> hasta llegar al mar, de aquesta suerte
> corre el orbe a los brazos de la muerte.

No es difícil encontrar en este libro, misceláneo y desigual en el estilo, otras poesías de carácter premonitoria-

---

44 Leopoldo Augusto de Cueto, *Poetas líricos del siglo XVIII*, tres vols., BAE LXI, LXIII, LXVII, Madrid.

mente romántico pero, dejando aparte a algunas de ellas, conviene centrarse en las dedicadas a Olimpia que, aunque no organizadas como tal, forman un breve y bello cancionero en el que la sinceridad autobiográfica, la sensualidad y el pesimismo me parecen románticos, sobre todo el pesimismo, porque es agorero, teme al destino, no encuentra asidero contra él, y termina por resignarse a lo peor.

¿Dónde está la serenidad del neoclasicismo, con que se ha querido caracterizar esta primera época lírica de Saavedra, en poemas como la «Canción» de 1819, en la que el poeta habla de «mi agitada fantasía», «mi afanar», «mi mortífera pena roedora», de que «el frío tedio y el pesar infando / mi corazón estaban devorando»; y en el que se invoca a la muerte y se asegura que el escondido fuego de su corazón «tronó como un volcán»?

Hay, además, en los poemas de Olimpia una preocupación, que parece absolutamente seria, por los efectos devastadores del tiempo: las ruinas y la muerte, temas nada propios de la condescendiente poesía amorosa del neoclasicismo. Y no hay que dejarse llevar, al enjuiciar estos poemas, de una forma exterior que, si las menos veces recuerda a la de Meléndez, aun éstas difiere profundamente de su estilo y de su sensibilidad, como en el caso de la cantilena en la que Saavedra, tras aludir a los efectos devastadores del tiempo, predice su destierro y se refiere a la muerte y a la aparición, tras ella, de su alma todavía enamorada, en términos que no pueden ser calificados sino de románticos, a no ser que pretendamos reducir el romanticismo a pura forma —¿a cuál?— antes que a variados y nuevos contenidos; pues el romanticismo consistió, antes que nada, en la respuesta a una necesidad de renovación sentida por la sociedad de su tiempo.

Tiene razón Valera cuando dice que «todo lo que don Ángel de Saavedra escribió a Olimpia pudiera, pues, pasar por romántico, si no hubiera sido escrito entre 1819 y 1820, antes de que John Frere le *iniciara*» [45], lo que no es sino una ironía del insigne egabrense. No toda la poesía juvenil de Rivas tiene este carácter, pues hay que reconocer que nuestro autor, que escribía por entonces tragedias de estructura clásica, todavía no había madurado su estilo.

---

[45] *Op. cit.*, p. 721.

El 22 de noviembre de 1820, Alcalá Galiano fue nombrado por el gobierno constitucional intendente de Córdoba, ciudad a la que llegó en enero del año 21, y allí encontró a Saavedra. Ambos escritores se trataron asiduamente y no tardaron en convertir en amistad su conocimiento de la época de Cádiz. Pero ambos amigos dejaron de verse pronto porque Ángel, que hacía años sentía deseos de viajar por Europa, y al que en varias ocasiones le había negado el permiso necesario para hacerlo el gobierno absolutista, se fue a Francia a primeros de mayo con una licencia para pasar seis años en el extranjero, y con la obligación de estudiar los establecimientos militares de los países que visitase.

Una vez en París, Saavedra se hizo amigo del célebre lord Holland [46], de Desttut de Tracy, de Horace Vernet y de otros de los ingenios que vivían en aquella capital. A finales de otoño, y cuando se preparaba para pasar el invierno en Italia, ocurrió algo que había de influir decisivamente en su vida. Alcalá Galiano le había convencido de que se presentase a las elecciones legislativas y, en efecto, el 3 de diciembre fue elegido diputado por Córdoba, a la cabeza de una lista de cuatro nombres, en vista de lo cual tuvo que volver a España para incorporarse a las Cortes, que habían sido abiertas en sesión extraordinaria el 28 de septiembre [47] La nueva Cámara se instaló el 15 de febrero de 1822, y el 25 juraron los diputados. El 1 de marzo, Saavedra fue elegido miembro de la comisión encargada de recibir a la reina. Con Galiano, formó parte de la comisión de libertad de prensa y, además, fue nombrado secretario de la Cámara. Poco después se le encargó de redactar el mensaje de contestación al rey, obra que no gustó a su amigo Galiano por parecerle «más florida y galana en estilo y dicción, que política en su tono y efectos» [48].

El 4 de marzo, Saavedra pasó a formar parte de la comisión de policía. No voy a seguir paso a paso su actuación parlamentaria, en la que, siguiendo la línea polí-

---

[46] Manuel José Quintana, «Cartas a Lord Holland», en *Obras completas*, BAE XIX, Madrid, p. 544.

[47] Sobre este período parlamentario, ver Carta III, en *Op. cit.*, pp. 546 y ss.

[48] Antonio Alcalá Galiano, *Memorias de D....*, *publicadas por su hijo*, dos vols., Madrid, 1886, vol. II, p. 156.

tica de Alcalá Galiano y sus correligionarios, formó parte del grupo llamado de los exaltados, y me limitaré a referirme a sus actuaciones más destacadas.

Mientras tanto, la situación social de España no era tranquilizadora, debido a las constantes conspiraciones de las fuerzas políticas reaccionarias, alentadas desde Palacio. Por otra parte, las rivalidades entre los viejos liberales del año 12 y los nuevos del 20, fomentadas en Madrid por las impulsivas actuaciones del general Riego, terminaron por convertirse en una causa de inestabilidad política. Así, el día 1 de julio se produjo en Madrid la sedición antiliberal de seis batallones de la Guardia Real, por lo que el día 2 se temía que los guardias se lanzasen a la calle. Alcalá Galiano cuenta que «al caer de aquella tarde estaba yo con mi amigo y compañero don Ángel de Saavedra tomando unos quesos helados en el café de Solito, poco antes abierto en la calle de Alcalá e inmediatamente en la Puerta del Sol, y lugar donde concurrían entonces las personas principales, por ser allí donde se trabajaban mejor los tales quesitos, todavía no vulgarizados en la capital de España. Salimos tomando nuestro refrigerio, y subimos al coche de mi amigo, y no bien nos habíamos puesto en movimiento, cuando una corrida, de las mayores de aquella tarde y noche, dejó despejada la Puerta del Sol de los curiosos que de ordinario la pueblan. Huían las gentes por la calle de Alcalá hacia el Prado, y viéndolo nuestro cochero, echó las caballos a todo galope por la cuesta arriba hasta llegar al lugar donde desembocan en la de Alcalá las dos calles de Peligros.

«Allí, unas voces que le mandaban parar y que nos llamaban por nuestros nombres fueron causa de detener el carruaje, vimos que nos detenía el general Álava, nuestro compañero y de nosotros muy querido, aunque no militase en las filas de nuestro bando»[49]. Los tres amigos se fueron al cuartel de San Gil, a reunirse con las demás constitucionalistas.

Una vez sofocada la rebelión, que por haber provocado la caída de Martínez de la Rosa fue un triunfo de los exaltados, y nombrado primer ministro Evaristo San Miguel, Saavedra y su amigo Galiano se fueron a Córdoba

---

[49] Alcalá Galiano, *Memorias*, vol. II, pp. 161-162.

a mediados de julio y permanecieron en aquella ciudad hasta el 30 de septiembre, pues, habiéndose convocado Cortes extraordinarias, sus deberes políticos les reclamaban en Madrid. El 3 de octubre llegaron a la capital y el 7 asistieron a la apertura de las sesiones de la legislatura extraordinaria, en un ambiente de desconfianza hacia el rey, quien, desde la fracasada insurrección de sus pretorianos, estaba conspirando a marchas forzadas para recuperar sus poderes absolutos, no sólo con la Iglesia española, un sector del ejército y las llamadas «personas importantes» —lo que hoy llamaríamos los «poderes fácticos»—, sino también con los representantes de los gobiernos absolutistas europeos.

El 23 de octubre, Saavedra pronunció en las Cortes un importante discurso en el que se declaró «amante acérrimo de la libertad» y «constante defensor de las bases en que estriba ese don precioso que hace la felicidad de los hombres y de los pueblos», a pesar de lo cual, y en vista de que Europa, que contempla a los españoles con interés, los ve «minados por el clero y la política extranjera», solicita que se apruebe la medida propuesta por el Gobierno de que «puedan suspenderse algunas de las formalidades que prescribe [la Constitución] para poder proceder al arresto de los conspiradores contra el actual sistema», pues piensa que estas trabas «sirven sólo para favorecer a los conspiradores en tiempos borrascosos». Saavedra denuncia que los conspiradores pululan en todas las provincias, escudados por la ley de que son encarnizados enemigos y «preparan una espantosa ruina y un exterminio inevitable» [50]. Nuestro poeta, bien informado de la situación política y social española, parece profetizar los acontecimientos de 1823.

Durante su estancia veraniega en Córdoba había escrito Ángel la tragedia *Lanuza*, inspirada sin duda por el clamor de oposición a la tiranía provocado, entre los constitucionalistas, por las jornadas que culminaron en el 7 de julio. El 9 de noviembre, *Lanuza* fue estrenada en el Teatro de la Cruz, de Madrid. «Los realistas —puntualiza Vicente Lloréns, al dar la noticia de este estreno— habían iniciado la guerra civil, y la intervención de las potencias

[50] Conf. *Obras completas* del Duque de Rivas, BAE, vol. III, pp. 405-407.

era inminente después del Congreso de Verona»[51]. En este ambiente de exaltación e inquietud, *Lanuza* fue acogida fervorosamente por un público que veía en esta tragedia un alegato contra los conspiradores.

La obra, que se atiene a los cinco actos y a la unidad de tiempo y acción de la tradición neoclásica, pero cuyo diálogo me parece romántico, es, con *Arias Gonzalo,* una de las mejores de Saavedra. El poeta hace en ella claras y constantes alusiones a la situación española. Presenta, así, al pueblo como opuesto a la tiranía y, hablando de Felipe II, pero refiriéndose a Fernando VII, pone en boca de uno de los personajes este verso, producto de la experiencia política del autor: «¿Qué sirve la razón para un tirano?» Al ejército real lo presenta como compuesto por esclavos, considera a la Inquisición un «inicuo / bárbaro tribunal, apoyo horrendo / del despotismo y la opresión», compuesto por «traidores»; define al tirano como un rey que «en vez de gobernar oprime a España»; declara que los reyes pierden sus derechos cuando no guardan sus juramentos; eleva, contra el pueblo seducido por la reacción, el grito de «libertad o muerte»; presenta al obispo de Zaragoza como un traidor a la causa de la libertad, y, refiriéndose indirectamente al carácter rencoroso del rey Fernando, hace preguntar al personaje Heredia: «¿Imagináis que un rey perdona ofensas?» Pero donde mejor retrata a la reacción es en los siguientes versos, puestos en boca del protagonista:

¡Orden! ¡Moderación! ¡Prendas divinas
que los astutos déspotas profanan!
Orden a la quietud de los sepulcros
y a la degradación de siervos llaman.
Moderación al sufrimiento indigno
con que el esclavo a su señor acata.

Y la obra termina con la conducción de Lanuza al cadalso, en cuya ocasión pronuncia éste un parlamento en el que profetiza el triunfo de la libertad. ¿Qué duda cabe de que esta expresión del exaltado liberalismo de Saavedra había de influir en el trato de que fue objeto cuando triunfó la reacción, llamada entonces apostólica?

---

[51] En A. Galiano, *Literatura española del siglo XIX,* pp. 165-166 y nota.

Jorge Campos recoge en su «Introducción» a las *Obras completas del Duque de Rivas* los juicios críticos emitidos a raíz de su estreno, uno de los cuales fue consignado en el diario del conde Pecchio, quien anotó en él que su autor era «un joven diputado llamado Saavedra, que reparte su tiempo entre el amor, la poesía y la libertad», y mostró su inquietud ante el hecho de que hubiese elegido, para exaltar la libertad, un hecho histórico a ella desfavorable. «La incontestada pregunta —escribe Campos— nos hace pensar si no latía ya en el joven autor un gusto por el desenlace trágico, totalmente romántico en su sentimiento y que le inspiraría la cadena fatídica de *Don Álvaro*.» Que Saavedra sentía el gusto de lo trágico es algo indudable, habida cuenta de sus anteriores tragedias; ahora bien, lo verdaderamente interesante de esta observación es que Campos lo relacione —y en ello estoy de acuerdo con él— con el romanticismo, entonces naciente, de nuestro poeta [52].

Años más tarde, Alcalá Galiano escribiría que «*Lanuza*, cuarta tragedia de su autor [en realidad, sexta], fue escuchada con gusto y aplauso en Madrid, y no encontró menos favor en provincias. Saavedra la escribió mientras ocupaba un escaño en las Cortes, durante el período de máxima tensión política que señalan los anales de la revolución española [...]. El asunto despertó en Saavedra sentimientos de viva indignación, y supo provocarlos también en el auditorio. Pero en el drama no había realidad histórica ni representación verdadera de la antigua España [...]. Así que la tragedia era sólo un discurso —elocuente, sí— como los que se pronunciaban entonces en el Congreso y otras asambleas populares, embellecido con las galas de la poesía. Los asiduos concurrentes al teatro aplaudían en su recinto lo que acostumbraban aplaudir en cualquier otra parte, aunque en este caso resultara mejor dicho» [53].

Ya sabemos que Saavedra también hablaba en el Congreso. El día siguiente al del estreno de *Lanuza* defendió una propuesta de ley para la creación de una legión extranjera formada por aquellos que «por no sucumbir al tirano que oprime su país abandonan su tierra», «con

[52] Conf. Jorge Campos, «Introducción», en *Obras completas* del Duque de Rivas, BAE, vol. I, pp. XXXI-XXXII.
[53] A. Galiano, *Op. cit.*, pp. 124-125.

lo que se ahorraría la Nación de sacar igual número de individuos quintos, que aunque no sea grande, será siempre el suficiente para prestar un beneficio a los pueblos, particularmente cuando todos nos lamentamos de la escasez de brazos en que por desgracia está nuestra Nación, y que lloran nuestros campos baldíos, nuestros talleres desiertos y nuestra industria muerta», y recordó a la legión extranjera formada cuando las Cortes de Cádiz [54]. Pero, a pesar de todas estas razones, la proposición de ley fue derrotada.

Como ya sabemos, los absolutistas habían puesto sus esperanzas en la Santa Alianza, surgida en 1822 del Congreso de Verona. Aunque los gobiernos francés e inglés no consideraban conveniente una intervención militar en España que devolviese sus poderes absolutos al rey, Austria, Prusia, Rusia, y también Francia, enviaron al gobierno español unas notas, recibidas por éste a principios del año 23, en la que solicitaban la abolición de la Constitución y la vuelta al antiguo régimen. El efecto de dichas notas en las Cortes fue una serie de discursos de rechazo y la aceleración del proceso revolucionario.

Saavedra se levantó a hablar y pronunció un discurso contra «los Gobiernos arbitrarios [que] atacan a las luces del siglo y al torrente de la opinión general, más poderosa que ellos, e insultan de palabra a una nación grande y generosa que se constituye según le place y es más conveniente a sus intereses particulares». «Las notas pasadas por los Gobiernos [de Viena, Berlín y San Petersburgo] deben mirarse —continuó Saavedra—, más que como comunicaciones diplomáticas, como unas proclamas incendiarias y ominosas», para afirmar poco después que «nuestros guerreros ya no son los árbitros de los pueblos, sino los defensores de la libertad y el baluarte de sus leyes y derechos.» «Se indignan —dijo también— porque hemos reformado las rentas eclesiásticas: es cosa particular que los cismáticos y luteranos tomen ahora su defensa.» Llegado a este punto de su discurso, el «orador —dice el *Diario de las Sesiones*— fue interrumpido por un largo y extraordinario aplauso de los concurrentes a las galerías». También se quejó Saavedra de la nota de Francia, a la que consideraba confusa, y terminó por afirmar

---

[54] Conf. *Obras completas* del Duque de Rivas, vol. III, BAE, pp. 408-410.

—con más patriotismo que realismo político— que «la Nación española no está en estado de que ninguna otra le imponga la ley»; «el que se atreva a insultarnos venga, pues, a este suelo, en donde encontrará, en vez de la mala fe, la virtud y el hierro»[55]. Bellas palabras que los hechos no tardarán en desmentir[56].

Una vez que Chateaubriand, que era ministro de Negocios Extranjeros, logró persuadir al Gobierno francés de que interviniese militarmente en España, un ejército de 110.000 hombres, los famosos Cien mil Hijos de San Luis, invadió España en la primavera, al mando del duque de Angulema. Fernando VII lo esperaba confiado en Madrid, pero las Cortes iban a frustrar, aunque sólo de momento, sus planes. Las determinaciones se tomaron con rapidez y energía, y el rey, que no quería moverse de Palacio, el Gobierno y las Cortes se pusieron en marcha camino de Sevilla, mientras los franceses avanzaban sin que las tropas españolas les opusiesen una resistencia seria. Saavedra y Alcalá Galiano tomaron la silla de posta el 23 de marzo, en realidad, una carretela del primero de ellos. Al principio, el viaje fue tranquilo pero, apenas salidos de Puerto Lápice, fueron acometidos súbitamente, cuenta el segundo, «por dos hombres a caballo, que, cogiéndonos la acción y poniendo a la portezuela de nuestro carruaje sus trabucos y escopetas, nos hicieron entregarles lo que llevábamos. Fue breve el acto del robo, y dejándonos libres los ladrones, Grases, hombre de valor, y preciado del que tenía, no podía consolarse de haber sido despojado y atropellado por dos hombres solos, siendo nosotros tres, y quería ir tras los salteadores de caminos. Disuadímosle de su propósito, pues no teníamos armas y ya estaba perdido nuestro dinero, y él hubo de aplacarse. Así, entre un buen número de soldados, había sido fácil una sorpresa como la de que fuimos víctimas, la cual, entre otros ejemplos de igual o parecida clase, prueba cuán mala situación era, como suele ser, la de España»[57]. ¿Se encontraría entre los soldados a que Galiano se refiere Mesonero Romanos, que se había incorporado a la Milicia Nacional que se desplazaba a Sevilla?

---

[55] Conf. *Op. cit.*, pp. 410-412.
[56] Los discursos de Saavedra, Argüelles y Alcalá Galiano se imprimieron y circularon mucho en España y el extranjero.
[57] A. Galiano, *Memorias*, vol. II, p. 235.

El 23 de abril se abrieron las Cortes en aquella capital andaluza y, a partir de ese día, los acontecimientos se precipitaron. Como quiera que el avance de los franceses era cada vez más rápido, los constitucionales decidieron trasladarse a Cádiz con objeto de oponerles una resistencia bien organizada. «Las Cortes, pues, lo acordaron —escribe Quintana—. Comunícase al Rey con las formalidades de costumbre, y él se niega resueltamente a marchar. Nueva invitación, nueva repulsa. "Mi conciencia, dijo desabridamente a los diputados, no me consiente acceder a cosa tan perjudicial a mis pueblos"; y esto dicho, volvió las espaldas, sin saludarlos siquiera con la urbanidad que solía. Esta respuesta, y más el tono con que la dio, hizo ver a las Cortes el peligro en que la libertad y ellas estaban» [58].

Los diputados liberales reaccionaron con prontitud y encargaron a Alcalá Galiano que redactase una propuesta de suspensión temporal de las funciones políticas del rey, puesto que éste se había mostrado, en vista de su actitud, incapaz de ejercerlas, por ser víctima «de alucinación o demencia». La propuesta fue aprobada el 11 de julio, con el voto, entre otros, de Ángel de Saavedra, y el monarca, el Gobierno y las Cortes se trasladaron a Cádiz. Quintana opinaba que «lejos de ser superfluo aquel paso, era absolutamente necesario, pues que la libertad ni el Estado no podían conservarse sin él» [59]. Y es este mismo poeta quien nos ofrece otros datos de interés sobre la peripecia. «No bien había el Gobierno pasado el puente de Suazo, cuando la Regencia [nombrada al ser incapacitado Fernando] cesó en su autoridad, y el rey fue restablecido en la suya», por lo que «volvió a encargarse del gobierno del mismo modo que se había dejado suspender en él, sin repugnancia y sin protesta» [60]. Pero las cosas fueron tan mal para la causa constitucional, que el 30 de septiembre los españoles de Cádiz tuvieron que rendirse al duque de Angulema, con el que, el 1 de octubre, marchó a reunirse Fernando, el cual, apenas salido de Cádiz, dio por nulo cuanto había hecho durante el período constitucional iniciado en 1820. A partir de en-

[58] Quintana, «Cartas a Lord Holland», cit., p. 578.
[59] *Op. cit.*, p. 579
[60] *Ibídem.*

Angel de Saavedra

tonces iba a empezar una de las persecuciones políticas
más despiadadas de la historia de España.

Huyendo de ella, Saavedra y Alcalá Galiano consiguieron fletar una barca valenciana, de Vinaroz, de poco porte.
«Pasada, pues, la noche del 2 al 3 entre las penas en
nuestra situación consiguientes —escribe Galiano—, en la
mañana del 3 nos embarcamos... Al entrar la noche que-
dósenos en calma el viento a la boca del Estrecho de
Gibraltar, no sin trazas de venir a soplar un levante o
sea un viento recio casi siempre en aquellos mares, y
que nos impedía pasar al Mediterráneo, donde estaba
nuestra salvación. Pudimos, sin embargo, aprovechar algunas ventolinas de tierra, con lo cual, cerca del amanecer, aunque apareció el tímido levante y sopló fresco,
ya muy internados pudimos adelantar en una bordada
sobre Ceuta, hasta dejar a sotavento el Peñón, y de la
otro vuelta coger el Puerto de Gibraltar...»

«Echamos, pues, el ancla en puerto inglés, aunque en-
clavado en España, cerca del mediodía del sábado 4 de
octubre de 1823»[61]. De esta manera empezó el exilio de
ambos amigos, que había de durar más de diez años.

Mientras la inmensa mayoría de los escritores españoles de talento tuvieron que emigrar a consecuencia de
los sucesos hasta aquí referidos, no faltaron los que se
proponían medrar a costa de ellos. Así, en aquellas fechas, el argentino Ventura de la Vega se disponía a escribir su primer drama, titulado *Virtud y reconocimiento*,
que resultó ser un elogio de Fernando VII; y Arriaza, el
viejo amigo de Saavedra, escribió una oda, «En el día
de la restauración de 1823», a la que pertenecen estos
versos:

> Libertad se llamaba la harpía
> que el averno lanzó contra España,
> señalando por cebo a su saña
> sus blasones y antiguo laurel;
> mas su nombre es tan sólo anarquía;
> su semblante y su voz de sirena,
> que con hechos y entrañas de hiena
> nos reduce a coyunda crüel.

¿Versos neoclásicos, prerrománticos o románticos? Poco
importa a la historia de nuestras letras.

---

[61] A. Galiano, *Memorias*, vol. II, pp. 279-280.

CAPÍTULO V

EL LARGO EXILIO
(1823-1834)

Con su huida a Gibraltar, Saavedra inició un exilio
que duraría hasta enero del año 1834 e influiría decisivamente tanto en su vida como en su obra. Fue, la suya de
exiliarse, una decisión tan aparentemente precipitada
como prudente, pues durante los diez años que le quedaban por reinar a Fernando VII la locura de la reacción española llegó a su colmo, y no tanto por la espe-
rada y feroz persecución contra los liberales, cuyo período
más sangriento se desarrolló entre 1824 y 1826, ni por
hechos tan lamentables como la ejecución, en 1831, de
Torrijos y sus compañeros, sino porque, en 1827, los car-
listas se sublevaron porque consideraban demasiado progresista al gobierno de aquel reaccionario monarca. Me
refiero a la célebre Insurrección de los Agraviados, a la
que algunos historiadores consideran el primer episodio
de la guerra carlista que, en realidad, empezó el año 1833.
Una de las primeras reacciones del rey fue dar al gabinete Casa Irujo instrucciones de que «limpiase todas
las Secretarías de Despacho, tribunales y demás oficinas,
tanto de la Corte como de los demás del Reino, de todos
los que hayan sido adictos al sistema constitucional, pro-
tegiendo decididamente a los realistas», pero como hubo
las lógicas resistencias e incumplimientos de tan bárbara
orden, y como algunos de los perseguidos se organizaron
en partidas y se echaron al monte, la venganza de Fernando, si bien fue terrible, como más adelante veremos,
no pudo ser tan completa como la hubieran deseado los
anticonstitucionalistas más exaltados, entre los que se
contaban muchos hombres de iglesia. Como botón de

muestra de esto último, me limitaré a copiar las palabras del obispo de Solsona, Manuel Benito Tabernero, exhumadas hace pocos años por una escuela española de historiadores ultrarreaccionarios, el cual escribió que se observaba «a quienes habían causado tantos daños pasearse como si nada malo hubiesen ejecutado, provocando unos, amenazando otros, y queriendo que se les tratase con familiaridad como si nada hubiesen hecho. [...] sobre que, como de notorio se dice que [son] los malos, su frase y expresión favorita es exclamar que ellos nada han hecho de malo y sí mucho bien a los buenos». Lo de las provocaciones y amenazas de los constitucionalistas parece pura retórica, puesto que el 13 de enero de 1824 se habían creado unas Comisiones Militares «para juzgar a los malhechores y reos políticos» y uno de los delitos que perseguían, hasta poder ser castigado con la pena de muerte, era el hablar de la Constitución. ¿Quién, que no fuesen los miembros de las partidas, que de vez en cuando bajaban del monte a los pueblos y pegaban pasquines o hacían pintadas contra el régimen, se habría atrevido a desafiar a las Comisiones Militares? Además de que el 8 de enero «se estableció la policía, disfrazada antes con el nombre de Vigilancia Pública, y derramáronse abiertamente por la península entera sus satélites, escogidos entre los más acalorados realistas, acechando a los liberales, y empleando lazos y ardides para prenderlos por una palabra inocente. La inmoralidad llegó al extremo de valerse de los criados para descubrir los secretos sentimientos del ciudadano y sorprender su confianza en aquellos momentos de desahogo en que cercado de su familia y en el santuario de su casa entregábase a la efusión de su alma, y se alzaba el velo con que le obligaba la intolerante tiranía a velar su corazón»[62]. No cabe, pues, duda de que el obispo de Solsona era, en el mejor de los casos, un exagerado. La actuación de las Comisiones Militares fue tan escandalosa, que el rey se vio forzado a disolverlas el 4 de agosto de 1825, si bien fueron de nuevo creadas y nuevamente suprimidas durante lo que quedaba del decenio negro[63].

---

[62] Conf. Estanislao de Kotska Vayo, *Vida y reinado de Fernando VII*, vol. III, Madrid, 1842, pp. 195 ss.

[63] Sobre algunos de los excesos cometidos por las Comisio-

Ángel de Saavedra fue condenado a muerte en rebeldía no por las Comisiones Militares, sino por la Audiencia de Sevilla, que también ordenó la confiscación de todos sus bienes, en junio de 1824. Su hermano el duque no fue tratado con tanta dureza porque su actuación política no había sido destacada, pero fue privado de su llave de gentilhombre, se pusieron en secuestro todos sus bienes y sólo se permitió a su madre que pudiera enviar algunos recursos al hijo exiliado.

No es éste el lugar oportuno para tratar del decaimiento económico y social de aquella España, que dejó por entonces de ser una primera potencia[64], pero sí lo es para referirse a la acción negativa que el último decenio del reinado de Fernando ejerció en el desarrollo de las letras españolas y, por ende, en la afirmación de una tendencia romántica que había ido ganando terreno lentamente, a pesar de la guerra, y en parte gracias a ella, y de la inestabilidad política del primer decenio que la siguió. Son muy numerosas las pinturas del estado lamentable en que la reacción fernandina sumió a la cultura española. «Envueltas en una densa noche las letras y las ciencias —escribió Mesonero Romanos—, a impulso de la ignorancia enaltecida, callaban de pronto, sin tribuna, sin academia y liceos, prensa periodística ni nada que pudiera dar lugar a polémica o enseñanza. No es posible formarse una idea, siquiera aproximada, de aquel silencio completo del ingenio, de aquel sueño de la cultura y la vitalidad. Esto no quitaba para que, por todas partes, penetrara a despecho de los gobernantes, el ambiente liberal que se respiraba en la atmósfera»[65]. Y eso que las fronteras estaban vigiladas para impedir la introducción de obras extranjeras y el decreto de 11 de abril de 1824 (Gaceta del 4 de mayo) perseguía como contrabando la entrada de libros en España[66].

Juan Valera, cuyo testimonio nos interesa particularmente porque conoció al duque de Rivas y pudo oír de sus labios anécdotas referentes no sólo a él, sino tam-

nes Militares, puede verse Juan Ortega Rubio, *Historia de España*, vol. V, Madrid, 1908, p. 330.

[64] Sobre este asunto, ver Fontana, *Op. cit., passim*.

[65] Citado por J. García Mercadal, *Historia del romanticismo en España*, Barcelona, 1943, p. 56.

[66] Conf. *Op. cit.*, p. 159.

bién a muchos de sus amigos y correligionarios, escribe
que «la mejor y más legítima de nuestras aristocracias,
la del saber y la del ingenio, se vio perseguida y humi-
llada, gimiendo no pocos de sus miembros en cárceles
y calabozos y errando no pocos por extraños países» [67].
Baste aducir en apoyo de estas palabras que, según dice
Lloréns en el prólogo a su edición de *La literatura española del siglo XIX*, de Alcalá Galiano, «de los sesenta
escritores, casi todos ellos neoclásicos o prerrománticos,
aproximadamente, de que trata el presente volumen, más
de cuarenta conocieron la cárcel o el destierro, o las
dos cosas y no pocos acabaron sus días en el extranjero» [68]. El mismo Valera afirma en el artículo citado que,
no obstante tan adversas circunstancias, las ideas y las
doctrinas nuevas fueron objeto de una «misteriosa incu-
bación» que preparó su triunfo a la vuelta de los emigrados [69].

Desde un punto de vista exclusivamente literario, Valera piensa que la etapa del exilio de Saavedra constituye «un período completo y distinto de la vida literaria
de España en el siglo XIX: el período de la emigración» [70].
«Sofocada la actividad intelectual en nuestra patria por
culpa de la tiranía —añade—, y suspendido todo libre,
paladino y espontáneo pensamiento de la mente humana,
el pensamiento español salió de su centro y puso su foco
fuera de la nación misma en la que había nacido» [71].

Para Saavedra, el exilio iba a ser muy importante, en
opinión de parte de la crítica. Según Boussagol, durante
él «va a realizar la renovación y el enriquecimiento de
su personalidad» [72]. En opinión de Margaret Williams, «Si
no sabe de este exilio, en Francia, Inglaterra o Malta, el
lector pierde el significado completo de pasajes como
el de *El moro expósito* que trata largamente del lugar
en que nació el poeta y pinta sus aflicciones y confina-
mientos en un país extranjero. Mucho más que Hugo o
Musset, Rivas y sus compañeros de exilio estaban do-

---

[67] J. Valera, *Op. cit.*, p. 725.
[68] Llorens, en A. Galiano, *Literatura española del siglo XIX*,
p. 11.
[69] Valera, *Op. cit., Loc. cit.*
[70] *Op. cit.*, 724.
[71] *Ibídem.*
[72] Boussagol, *Op. cit.*, p. 37.

tados para retratar al héroe romántico, arrastrado en incesantes vagabundeos solitarios por el hado hostil» [73].

Ángel pudo permanecer en Gibraltar, alegando que se encontraba enfermo, hasta mayo de 1824, mes en el que se embarcó para Londres, donde le esperaba desde noviembre su amigo Alcalá Galiano. «Gibraltar [era] la base principal de la propaganda y de las conspiraciones liberales, cuya repetición y multiplicidad son inconcebibles sin una ayuda exterior» [74], y debido a ello es verosímil que nuestro poeta, a pesar de que le fuera impuesta la obligación de abstenerse de toda actividad política, mantuviese contactos de este tipo con los liberales que se habían quedado en España.

A últimos del año 1823, Saavedra escribió en Gibraltar un soneto que parece ser el primer testimonio literario que ha llegado a nuestro conocimiento del amor que sentía por la que no iba a tardar en convertirse en su mujer. Dice así:

> Ojos divinos, cuya lumbre pura
> mi pecho inflama, ilustra y esclarece,
> semblante celestial donde florece
> la beldad, la inocencia y la dulzura.
> Soberano conjunto y compostura,
> que más que humano angélico parece,
> lozana juventud que resplandece
> y orna con gracias mil tanta hermosura.
> ¡Ay!, si en la proscripción y acerbo llanto
> que, a mí infeliz, eterno me prepara
> la adversa suerte embravecida tanto
> de vuestra lumbre celestial gozara,
> de vuestro hechizo y delicioso encanto,
> ¡cómo de la fortuna me burlara!

El mayor interés de esta mediocre composición reside en el hecho de que, al exiliarse a Gibraltar, Ángel ya había concebido el proyecto de casarse con la joven a la que se la dedica, que no es otra que María de la Encar-

[73] Margaret A. Williams, «Angel de Saavedra's Dealings with the French Goverment, 1830-1833», en *Bulletin of Hispanic Studies*, october 1959, p. 114.

[74] Témime, *Op. cit.*, p. 37.

nación Cueto, además de que en el sexto de los versos se encuentra la explicación de por qué terminó por darle el nombre de Angélica en varias de sus poesías posteriores.

Como decía, el mencionado mes de mayo de 1824 Saavedra se embarcó, y lo hizo en el paquebote inglés *Francis Freeling*. Iba rumbo a Londres con un grupo de emigrados entre los que se contaban el conde de Almodóvar y el diputado Manuel Marán. Durante la travesía, Ángel escribió, cuando menos, tres poemas: uno, comenzado «al ponerse el sol», al que dio el título de «El desterrado»; otro, titulado «Oda» e inspirado en el salmo *Super flumina*, y una bella oda «A las estrellas». «El desterrado» es una larga silva aconsonantada que, a pesar de su extensión, muestra pocos momentos de desmayo, y en la que no son raros versos tan vigorosos y expresivos como éstos que la encabezan:

> ¡Ay! Que surcando el mar en nave ajena
> huyo infelice de la patria mía,
> tal vez, ¡oh cruda inexorable suerte!,
> para nunca volver... Áspero suena
> el recio vendaval, y expira el día.

El poeta pide, en seguida, al sol que se detenga para que él pueda contemplar las tierras españolas, y recuerda a Córdoba, donde fue «inocente niño» y «después, joven lozano, las pisadas / de ferviente bridón grabé en tu arena, / recorriendo tus selvas encantadas», y, anticipándose al célebre poema de Cernuda en casi un siglo y medio, exclama: «¡Patria!... No existe / donde sólo hay opresos y opresores», pues sólo «queda el terreno / de tiranos poblado e invasores / y de esclavos indignos de memoria, / que el yugo vil merecen / y el rigor y la afrenta que padecen», versos éstos que recuerdan a algunos de los que escribió León Felipe, para rectificar años después, durante su exilio en América. Pinta después Saavedra la degradación de España, a la que maldice y desea toda suerte de calamidades; se acuerda, tras haber intercalado en la silva una octava italiana de arte menor, de la beldad «angélica divina» y acaba por mostrarse arrepentido de los dicterios lanzados contra su patria, a la que desea volver:

Mas si la injusta embravecida suerte
o leyes inmutables del arcano
alejan, ¡ay!, el suspirado día
de la reparación, ¡ah!, venga al menos
antes que airada la sañuda muerte
de su guadaña, con potente mano,
descargue el golpe en la garganta mía.

El poema termina con otra octava de arte menor, en
la que Saavedra hace votos por la reparación de tantos
males. Se trata de una composición, a mi entender, ca-
racterizadamente romántica, tanto por la arrebatada al-
ternancia de sentimientos contradictorios que en ella se
observa como por la mezcla abrupta de metros y lo fogoso e imaginativo de la expresión. En cambio, la «Oda»,
inspirada en un episodio de la navegación, es completa-
mente clásica —no neoclásica—, mientras el bello poema
«A las estrellas», en el que recuerda una vez más a la
que ya debía de ser su prometida, y que está escrito en
unas estrofas sáficas que se anticipan a las de «El faro
de Malta», es romántico, tanto por la calidad de los sentimientos en él expresados como por su invocación a una
naturaleza misteriosa a la que atribuye el poeta sentimientos análogos a los suyos.

Parece, pues, que la crisis del destierro produjo la
eclosión de una tendencia hacia el romanticismo más típico, que ya había ido madurando, en la sensibilidad y
en el estilo de Saavedra, durante los años inmediatamente anteriores a ella. Lo cual no me parece de poco
momento, dado que es lugar común de la crítica sobre
Rivas el considerar que su romanticismo fue producto
exclusivo del destierro que entonces iniciaba. Dejando
aparte la distinción, que me parece arbitraria tal como
suele ser planteada, entre prerromanticismo y romanticismo —pues aquél no es sino una primera etapa de
la tendencia, mientras el segundo representa su madura-
ción—, ¿cómo no reconocer que Saavedra había envere-
dado por el sendero romántico, cuando menos, desde los
poemas a Olimpia, como muy justamente observó Valera
y confirma la lectura desprejuiciada de dichas composiciones? Que el destierro iba a imponerle el contacto más
o menos estrecho con la literatura romántica de Inglaterra y Francia, gracias al cual sus lecturas, y su información general sobre la tendencia, iban a ser mayores

que si se hubiese quedado en España, es algo que parece evidente, pero ello no autoriza —al menos sin un previo y cuidadoso estudio de tipo estilístico y comparativo— a repetir sin más la tesis crítica a que acabo de referirme. Pero volveremos en breve sobre este asunto.

El *Francis Freeling* llegó pronto al puerto de Falmouth, de donde Ángel se trasladó en seguida a Londres. Una vez en la capital británica, encontró alojamiento en Summers Town, que era el barrio en que vivía la mayor parte de los emigrados españoles. El poeta contó a Pastor Díaz que «debió los recursos de su subsistencia al tierno cariño y solicitud de su desconsolada madre que, aunque arruinada por las circunstancias, hizo siempre por el hijo proscripto todos los sacrificios y esfuerzos de que sólo es capaz el corazón maternal» [75], pero también es cierto que recibió ayuda de la comisión de socorros a los emigrados [76]. «¿Empezó Rivas en Londres —se pregunta Boussagol— a dar lecciones de español y a pintar cuadros como haría, más tarde, para asegurarse algunos recursos?» [77] Cuando menos, y según dice Díaz, «Hizo entonces don Ángel varias retratos, escribió una sátira en prosa titulada *El peso duro,* llena de cuadros de costumbres, de no escaso mérito, y mucha frescura y viveza de colorido. Compuso un poema en octavas, titulado *Florinda;* la composición titulada *El sueño del proscripto,* y otras de menos fama» [78]. En realidad, sólo escribió en Londres los dos primeros cantos de *Florinda,* y es de lamentar que «El peso duro» se haya perdido, al parecer definitivamente. También aparece fechada en Londres la poesía en octavas reales «Cristóbal Colón», cuyo mérito es escaso.

Que Ángel pasó apuros económicos en Londres es cosa evidente, y prueba de ello es lo que dice Bussagol: «Vive bastante miserablemente, si creemos una anécdota que me contó, con un humor muy andaluz, M. J. M. de Valdenebro, el amable y llorado bibliotecario de la Universidad de Sevilla, el cual la sabía de D. José Gutiérrez de la Vega. Rivas asistió a una reunión masónica; a la puerta de la sala había dispuesta una bandeja destinada a

[75] Díaz, *Op. cit.*, p. 215.
[76] Conf. A. Galiano, *Memorias,* vol. II, pp. 511-512.
[77] Boussagol, *Op. cit.*, p. 40.
[78] Díaz, *Op. cit.*, p. 215.

recibir los donativos de los afiliados. Bajo color de poner su óbolo en la bandeja, Rivas había sustraído hábilmente una libra esterlina. Pero no habría sido el único que se valió de semejante astucia: a la salida de la reunión, Juan Nicasio Gallego confesó haberse apropiado de dos libras, y lamentó no haber podido coger tres, en vista del estado miserable en que se encontraban»[79].

Rivas pasó siete meses en Londres. Como quiera que el clima no le sentaba bien —no olvidemos que su sistema respiratorio se hallaba debilitado por la lanzada polaca de marras—, pensó en trasladarse a Italia para perfeccionarse como pintor y poder transformar su afición en un oficio que le ayudase a vivir. Es de suponer que éste fuera uno sólo de los varios motivos que hicieron tan corta su estancia en aquella capital, en la que fue bien recibido y tratado, tanto por los emigrantes españoles, entre los que, como sabemos, se encontraba Galiano, como por algunos liberales ingleses. *El español constitucional* publicó el 1 de agosto una «Oda. Imitación del salmo *Super flumina*», sin firma, pero que es la que ya hemos mencionado, escrita durante la travesía. También en agosto, el periódico *Ocios de españoles emigrados* publicó, en su número 5, la poesía «El desterrado», firmada por A. de S., un fragmento de la cual, traducido al inglés por B. Read —el cual decía, al presentarlo, que era la composición más famosa entre los emigrados españoles—, apareció en el número 9, de diciembre[80], mes en el que Saavedra dejó Inglaterra para llegar a Gibraltar en enero de 1825. Antes de desembarcar, escribió, a bordo del bergantín inglés *Aeschilus*, y cuando ya se encontraba en aguas del Estrecho, las primeras estrofas del canto III de *Florinda*, que terminaría en Gibraltar, y creo que merece la pena copiarlas:

> Viento septentrional, sopla y, gallardo
> aunque crespes del mar las turbias ondas,
> el seno abulta de las lomas pardo,
> sin que la tierra nebulosa escondas.
> No te demuestres a mi anhelo tardo,
> que a mis ruegos es justo correspondas,
> pues, cantando el rigor de mi fortuna,

[79] Boussagol, *Op. cit.*, p. 40.
[80] Conf. V. Llorens, *Liberales y románticos*, Méjico, 1954.

en Albïón te adormecí en tu cuna.
 Sí: ya mis ojos férvido horizonte,
entre celajes de risueña grana,
cumbres azules de lejano monte
muestra al primer albor de la mañana.
¡Terreno es español!... Alma, disponte,
disponte a recibir el premio, ufana
de tu constancia y padecer, gozando
de amor y de amistad el beso blando.

Pero el poeta reconoce en seguida que todo es pura ilusión y que no podrá desembarcar en su tierra.

Residió en el Peñón hasta el mes de julio, terminó, como ya se ha dicho, el tercer canto de *Florinda* y se casó por poderes con María de la Encarnación, que se encontraba en España. El matrimonio se celebró en Berja (Almería) y, en seguida, la madre y la mujer del poeta, «montadas en asnos y caminando por la costa, [llegaron] a Gibraltar, donde el matrimonio fue revalidado»[81].

A principios de julio, María de la Encarnación y Ángel se embarcaron rumbo a Italia. Antes de que el poeta saliese de Londres, su madre había solicitado del nuncio de Su Santidad un pasaporte para que su hijo pudiese establecerse en Italia; el cual, tras haber sido consultada Roma, le fue concedido a condición de que Saavedra no se metiese en política ni tuviese trato con los ingleses que vivían en los Estados pontificios; de manera que los recién casados llegaron a Liorna seguros de que serían bien recibidos. Veamos lo que sucedió, según lo cuenta el poeta en una nota al romance sexto de *El moro expósito*:

Habiendo dejado el seguro asilo de Inglaterra, me encaminaba hacia Roma, para lo cual había obtenido especial pasaporte pontificio y toda serie de seguridades de aquella corte, y desembarqué en Liorna por el mes de julio de 1825. Concluida mi cuarentena, me presenté al cónsul romano para que refrendara mi pasaporte, a lo que se negó absolutamente, diciéndome tener orden para no refrendar ninguno sin enviarlo antes a Roma, a que

[81] Boussagol, *Op. cit.*, p. 41.

fuese reconocido. Remitió, pues, el mío y fue devuelto con terminante negativa. Representé al cardenal de la Somaglia, y me contestó por medio del cónsul que, sin embargo de que mi pasaporte estaba en regla, y dado de orden de Su Santidad, me expondría a *gravi dispiacenze* si ponía los pies en los dominios apostólicos. Esta inesperada repulsa fue inmediatamente seguida de la más encarnizada persecución por parte del gobierno toscano, llegando la policía de Liorna a aprestar la fuerza armada para arrojarme de aquel estado. En tanto apuro, recurrí al cónsul británico, Mr. Falconar, quien apoyado en un pasaporte inglés que me había dado lord Chatham a mi paso por Gibraltar [en el que se decía que era comerciante en aquella plaza], no omitió diligencia alguna para contener mi persecución y, logrando ganar tiempo, me embarcó en un bergantín-goleta inglés que, después de borrascosa travesía, me condujo a Malta.

Antes de emprenderla, la buena sociedad de Liorna subía a bordo para hacer compañía y colmar de atenciones al atribulado matrimonio.

El accidentado viaje ha sido inmortalizado por la poesía «El faro de Malta», tal vez la más conocida de cuantas escribió Saavedra. Los cuatro primeros días de navegación fueron buenos, pero en la noche del quinto, cuando el barco, que era viejo y pequeño, se encontraba frente a las costas de Sicilia, se desató un fuerte temporal. Los marinos, atemorizados, desobedecieron al capitán y se arrodillaron en la popa, donde comenzaron a cantar la Salve, dejando al barco entregado a la furia de los elementos. «Don Ángel —cuenta Díaz, que se lo oyó contar a él—, con el desesperado aliento que nace del exceso mismo del miedo en los últimos peligros, salió sobre cubierta fuera de sí, reanimó la tripulación con amenazas y golpes, y ayudando al capitán a sujetar la caña del timón, no sin recibir grandes contusiones, logró que se picase la jarcia, que se zafase el roto palo y que se hiciese de prisa lo que exigían las circunstancias. Hecho lo cual, bajó a la cámara todo empapado en el agua del mar y la del cielo, y cayó, y estuvo largo tiempo desmayado, de la gran fatiga y del extraordinario esfuerzo»[82]. Hechas el día siguiente, en Sicilia, las reparaciones más necesarias, llegaron, dos después y con mal tiempo, a la isla de Malta, que era entonces una colonia inglesa.

Dice Díaz que Saavedra pensaba descansar unos días en Malta y regresar en seguida a Londres, pero que la isla le gustó tanto que decidió quedarse en ella. ¿Sería demasiado aventurado pensar que doña María Encarnación fuese la que, no queriendo que su luna de miel se viese afectada por más contratiempos, logró convencer a su marido de que se quedasen allí?

«El joven matrimonio —escribe Boussagol, informado por una anciana hija de los Rivas— reside primero en La Valetta, en una casa a orillas del mar: esta casa pasa por estar encantada; duermen con una pistola cargada, al alcance de la mano, en la mesilla de noche; incluso a veces, al despertarse, encuentran la pistola descargada por una mano misteriosa; un subterráneo termina en esta extraña morada, que es posible que no fuera, y así lo cree la condesa de Aranda, sino un asilo de contrabandistas»[83].

En Malta, nuestro poeta, que llegaba a la isla rodeado de un aura de mártir político y héroe marítimo, entró en seguida en contacto con la buena sociedad y no tardó en mudarse a una casa más tranquila y más cómoda. Ángel recordaría a algunos de sus amigos de Malta cuando, ya en París, escribiera el romance sexto de *El moro expósito*:

> Allí me recibiste tú, y me honraste,
> oh venerable anciano, que las Indias
> venturosas hiciste, Hastings ilustre...
> Mas, ay, que de dolor pronto la isla
> vi cubierta, y de luto. Airada muerte
> a su amor te robó... ¡tremendo día!
> Con el pueblo lloroso, hasta la tumba
> yo acompañé lloroso tus cenizas.
> Woodford, Frere, Ponsonby, Zamlit, Stilon,
> y tú que a Sancio de tan cerca imitas,
> Hyzler, vuestra amistad, dulce consuelo
> de todos mis afanes, está viva
> en mi alma toda, y lo estará por siempre.

---

[82] Díaz, *Op. cit.*, pp. 216-217.
[83] Boussagol, *Op. cit.*, p. 43.

Francis Rawdon-Hastings, primer marqués de Hastings, había nacido el año 1754 y murió en Malta en 1826, siendo gobernador de dicha colonia. Tras una distinguida campaña en la guerra de la independencia norteamericana, fue gobernador de la India de 1813 a 1825, compró en 1819 la colonia de Singapur y fue uno de los responsables de la supremacía británica en el subcontinente asiático, pero su política liberal en materia de educación y libertad de prensa le hizo poco grato al Gobierno inglés, motivo por el cual fue relegado al poco importante puesto en cuyo ejercicio le conoció Saavedra. En cuanto al general sir Alexander Woodford, Allison Peers opina que Ángel debió conocerle durante el sitio de Cádiz, o poco después. Lo cierto es que llegó a ser gobernador de Gibraltar y tuvo ocasión, como veremos, de ayudar de nuevo a Saavedra cuando la crisis política de 1836 provocó su segundo exilio [84]. Era ayudante de Hastings en la gobernación de Malta. El general sir Frederick Cavendish Ponsonby (1783-1837) se distinguió en España, durante la guerra contra Napoleón, en las batallas de Salamanca, Talavera y Vitoria, y fue herido en la de Waterloo. Al morir Hastings, este ex compañero de armas de Ángel le sucedió en su cargo. Hyzler era un pintor del que Rivas tomó algunas lecciones. Pero de todos estos amigos, el más importante desde el punto de vista literario fue Frere, al que Saavedra dedicó, con unos párrafos en inglés, su poema *El moro expósito*.

John Hoockham Frere (1769-1846), miembro de una distinguida familia británica, había sido diputado en 1796 y subsecretario de Estado para Asuntos Exteriores en 1799. En 1800 fue enviado a Lisboa como ministro plenipotenciario, cargo que desempeñó asimismo en Madrid de 1802 a 1804. Durante este último año, Frere hizo todo lo posible por atraerse a Godoy y a Carlos IV con objeto de que no se aliasen con Napoleón, pero fracasó en sus intentos y, tras la firma del tratado de San Ildefonso, que ponía a España en manos del corso, el Gobierno español le declaró la guerra a Gran Bretaña [85]. En 1807, Frere pasó a Berlín en calidad de plenipotenciario, y volvió a España el año siguiente para desempeñar el mis-

[84] Conf. Allison Peers, «Ángel de Saavedra, Duque de Rivas. A Critical Study», en *Revue Hispanique*, vol. 58, 1923, p. 93.

[85] Conf. H. Roger Madol, *Op. cit.*, pp. 144-157.

mo cargo ante la Junta Central, pero las desavenencias
surgidas en relación con la política española terminaron
por entonces con su carrera de diplomático.

En 1806, Frere se casó con lady Elizabeth Jemima, condesa de Erroll, y en 1820 se fue a vivir a la ribera del
Mediterráneo, en busca de un clima que sirviese de alivio
a la delicada salud de su mujer. Finalmente, se estableció
en Malta. A raíz de su retiro, estudió griego, hebreo y,
luego, maltés, que es un dialecto del árabe. Vicente Lloréns nos entera de que «gozó de gran prestigio como
crítico entre los poetas ingleses de su tiempo, desde Co-
leridge a Byron. Poetizaba también y no sólo en inglés.
Suya es una elegía latina al duque de Alburquerque, que
tradujo al español Blanco White» [86]. Añadamos que todavía es considerado como el mejor traductor al inglés de
Aristófanes (Las acarnienses, Los caballeros, Las ranas y
Las aves) y que publicó una paráfrasis de los Salmos
(Psalms). Fue muy celebrado su Theognis restitutus. The
Personal History of the Poet Theognis deduced of his
existing Fragments. A Hundred of those Fragments trans-
lated or paraphrased in English Meter, publicado en Malta en 1842. También publicó un fragmento burlesco sobre
el ciclo artúrico, en 1817, escrito en octavas reales, es-
trofa que tomó de él, y perfeccionó notablemente, lord
Byron en su Don Juan. Boussagol dice que «también se
había ejercitado en la traducción del primero de los grandes monumentos de las letras castellanas, el viejo Poema
del Cid» [87], noticia que debo matizar en el sentido de que
sólo tradujo algunos fragmentos de esta obra.

Me he detenido un poco en la figura de este interesante
personaje porque es un lugar común de la crítica sobre
Rivas —y no sólo de la española— que Frere influyó decisivamente en la actitud romántica de Saavedra, lo que
considero a todas luces exagerado, y no por motivos in-
fantilmente patrióticos, sino por lo que creo pura objetividad crítica. Es cierto que Saavedra, en su mencionada
dedicatoria en inglés —que debió de ser escrita por Alcalá Galiano, ducho en esta lengua—, reconoce que Frere
le «ha guiado por el camino que [ha] emprendido, temo
que —dice refiriéndose a El moro— con más audacia que

---

[86] En A. Galiano, Literatura española del siglo XIX, cit.,
p. 166, nota.

[87] Boussagol, Op. cit., p. 126.

acierto». Es indudable que un hombre de tantos saberes literarios e históricos como este erudito inglés debió poner a disposición de Saavedra su biblioteca y su experiencia, y el mismo poeta matiza el alcance de la influencia que pudo ejercer sobre él cuando le dice que «su gran conocimiento y excelente gusto literario ha hecho a esta amistad no menos útil que agradable para mí». Y ésta es la clave, la amistad, en la que insiste más de una vez en una dedicatoria en la que se advierte el tono del amigo agradecido, pero en ningún caso el del discípulo.

Los biógrafos y críticos de Rivas insistieron en que Frere no sólo hizo que Saavedra se interesase en la tradición literaria española —olvidando o desconociendo, sin duda, sus declaraciones al frente de las *Poesías*—, sino que le transformó en un nuevo escritor, es decir, en el romántico que había de ser en adelante. Tampoco puede olvidarse que, en su discurso de ingreso en la Academia Española, pronunciado el 29 de octubre de 1834, Rivas dice que se llevó al destierro un «Quijote» y la colección de poesías castellanas desde tiempo de Juan de Mena hasta nuestros días, y recuerda, emocionado, sus lecturas de estos libros en Kensington y en «los dorados escollos de Malta». Juan Valera desechó la idea de la influencia decisiva de Frere. «¿Cómo imaginar —escribe—, según imagina Cueto, que el inglés John Frere fue en Malta *su iniciador*? John Frere, que valía y sabía, hubo de aconsejarle y guiarle; pero de esto a *iniciarle*, a transformarle en otro hombre, media una enorme distancia»[88]. Pero la tesis fue patrocinada más tarde por Menéndez Pidal —al que Frere debía resultar simpático por su aventura cidiana—, y su autoridad ha pesado mucho en las apreciaciones posteriores a la suya[89].

Se ha dicho, incluso, y ello puede ser verdad, que Frere sugirió a Saavedra el asunto de los Infantes de Lara, pero de ello a que sus consejos fueran determinantes del estilo y la estructura de *El moro expósito* media un abismo. Además de que es bien sabido que a Saavedra le gustaba, tanto como hablar de sí mismo en sus poemas narrativos, aunque no con la frecuencia que dicen quienes sólo le han leído a saltos, escribir sobre personajes

[88] Valera, *Op. cit.*, p. 721.
[89] Conf. Ramón Menéndez Pidal, *La epopeya castellana a través de la literatura española*, Madrid, 1959², pp. 217-218.

a los que creía antepasados suyos o relacionados con
ellos, como es el caso de don Suero de Quiñones, el de
El paso honroso, Cristóbal Colón, del que descendía su
pariente el duque de Veragua, y otros que sería prolijo
enumerar y que ya han sido señalados por la crítica.
Ahora bien, un gran amigo de Saavedra, el duque de
Frías, que era pariente suyo, había luchado en Ontígola
y hasta escrito una leyenda en verso sobre Lanuza, era
considerado descendiente de Mudarra, el héroe del poema rivasiano. ¿Qué más motivos necesitaba nuestro poeta para elegir el tema, motivos que coincidían con la inspiración medieval de sus tragedias y de *Florinda* —poema
romántico iniciado antes de llegar a Malta, y terminado
inmediatamente antes de comenzar a escribir *El moro*?

Cuando Saavedra llegó a Malta, ya había compuesto
los tres primeros cantos de la *Florinda*, y el poema quedó
terminado en dicha isla el año 1826. Más que de un poema heroico, se trata de una novela en octavas reales
cuyo contenido es insoslayablemente romántico. En ella,
la Cava no es ya la joven forzada por el capricho de Rodrigo, sino su enamorada, y es precisamente el conflicto
entre este amor y el honor familiar —entendido muy
calderoniana y, por lo tanto, muy anacrónicamente— el
eje del conflicto narrativo. El hebreo Rubén del canto I
es, en este poema, el antecesor indudable del mago griego
del romance tercero de *El moro* —incluso porque profetiza en un banquete—, y lo maravilloso no es tratado
en *Florinda* con la ambigüedad que en el poema siguiente, sino de manera impositiva y como una realidad
«otra». Hay, además, ruinas románticas tan interesantes
como las descritas en estas octavas:

Halla el viajero en la desierta arena,
do imperios yacen del perdido Oriente,
inculta soledad de escombros llena,
de ruïnas que el tiempo hundió inclemente,
tendido el roto mármol donde apena
los rastros del cincel la edad consiente,
columnas derribadas y arquitrabes,
ya nido a sierpes y a nocturnas aves.

Y destructoras hiedras y bastardos
musgos brotar por juntas y labores,
sus hojas escondiendo y tallos pardos
del arte sobrehumano los primores;

y alzarse mira solitarios cardos
sobre ricos mosaicos de colores,
y oye cual llora tanto desconcierto
la voz desconsolada del desierto.

Y hay en la *Florinda* todo un canto I tan romántico y
arrebatado de pasiones como lo sería más tarde el *Don
Álvaro;* y la descripción de una tormenta, a la que después recordará la tormenta descrita en *El moro,* y una
fuga precipitada y descabellada del conde don Julián...
Los personajes viven en un estado de perpetuo sobresalto, casi de alucinación, entre augurios milagrosos, espectros y sombras, alcázares que se disuelven en el aire,
visiones; y el enfrentamiento —típico de la obra posterior de Saavedra— del amante con el padre de la amada
y una heroína, Florinda, que, como Kerima a Mudarra,
salva a don Rodrigo de la muerte. Si tenemos en cuenta
que tres de los cinco cantos de este poema —muy homo-
géneos respecto a los restantes— ya habían sido escritos
cuando Ángel llegó a Malta, y si recordamos lo dicho
sobre las poesías líricas de la emigración, y aun sobre
algunas de las dedicadas a Olimpia, tendremos que con-
venir en que nuestro escritor llegó a aquella isla medi-
terránea cuando ya era un cultivador decidido de la poética romántica.

En Malta escribió también la última de sus tragedias,
terminada el año 1827, a la que dio el título de *Arias Gonzalo.* Inspirada en la historia del cerco de Zamora, es, a
mi juicio, la mejor de la serie y, a pesar de su estructura escénica de carácter neoclásico, su heroína, doña
Urraca, muestra un carácter más afín a las del romanticismo que a la enérgica infanta del romancero.

Saavedra escribió también en aquella isla la comedia
en verso *Tanto vales cuanto tienes,* terminada el 2 de
marzo de 1828, en la que, sin dejar de recordar, debido
a su movimiento escénico, al teatro de Moratín, lo enri-
quece con la influencia, tan propia de nuestra escena
romántica, del español del siglo XVII. Pero es que, además, la versificación de esta obra es típicamente romántica. «Se encuentra en ella —ha escrito Boussagol— versos de romance, de *romance corto,* curiosas mezclas de
heptasílabos y endecasílabos romanceados, redondillas,
octavas e incluso (acto III, esc. 12) un monólogo con forma de soneto, conforme a los preceptos del *Arte nuevo*

de Lope de Vega» [90], escrito que jamás habrían tomado por guía los neoclásicos españoles. Escribió, además, la poesía «El faro de Malta», que es una de las joyas de nuestro romanticismo y que está datada en 1828. En septiembre de 1829 empezó a escribir *El moro expósito*.

En 1826 le nació su hija Octavia; en 1828, su hijo Enrique, y en 1829, una segunda hija, a la que puso el osiánico nombre de Malvina. El 27 de febrero de 1830, Saavedra obtuvo un pasaporte que le permitía trasladarse a Francia, y Ponsonby, ya gobernador de la isla, puso a su disposición su yate *Lady Emilie*, del que desembarcó en Marsella el 23 o el 24 de marzo [91]. El 31 fue autorizado a trasladarse a Orleans —no a París—, puesto que, según hizo valer, no quería permanecer mucho tiempo en Marsella, debido a que su mujer soportaba mal la vecindad del mar —¿se fueron por eso de Malta?— y su madre iría a reunirse con él en aquella ciudad del interior, a la que los Saavedra llegaron a primeros de abril.

No hay manera de documentar el tiempo que el poeta y su familia permanecieron en Orleans. Fue poco, pero no tan escaso que no permitiera a Ángel abrir una especie de academia de pintura, con la que ayudó a su débil economía, hacer varios retratos de encargo y hasta vender al museo de la ciudad una naturaleza muerta, que fue catalogada como obra del «general español» Saavedra; la cual no tardó en ser relegada a un rincón de la portería. Este cuadro se encontraba, hace años, en tan mal estado de conservación, que nada tendría de extraño que se perdiese definitivamente.

De Orleáns, donde Ángel escribió la poesía «La sombra del trovador», los Saavedra se trasladaron, probablemente en agosto, a París, donde se instalaron, primero, en la calle de Bellefonds y, después, en la de la Grange-Bâtelière, ambas en el distrito noveno. Allí se encontró el poeta con sus amigos Alcalá Galiano e Istúriz. En el último de estos alojamientos, la familia Saavedra sólo disponía de una habitación, y Alcalá Galiano ocupaba la

---

[90] Boussagol, *Op. cit.*, p. 211.
[91] Para cuanto se refiere a la estancia de Saavedra en Francia, me atengo a los datos de Boussagol en *Op. cit.* y al excelente artículo, ya citado, de Margaret A. Williams, puesto que la biografía citada de Díaz es inexacta y parcial contra Francia en lo que a este período se refiere.

contigua a ella. A pesar de las incomodidades propias de esta escasez de espacio, Ángel siguió trabajando sin descanso, pues terminó en París, en 1832, el romance décimo de *El moro*, obra cuyos cinco primeros romances había escrito en Malta en 1829.

El poeta vivió en Francia durante los años de máxima ebullición romántica. El 27 de febrero de 1830, es decir, poco antes de su llegada, se había estrenado en París el *Hernani* de Hugo, y aquel mismo año Stendhal publicó *Le rouge et le noir*, Lamartine dio a conocer las *Harmonies poétiques et religieuses* y Balzac las *Scènes de la vie privée*. En política, merece la pena señalar que Carlos X fue sucedido aquel año por Luis Felipe. Se iniciaba, pues, una nueva época cultural, de la que serían figuras importantes Ingres y Delacroix, en pintura, y los ya citados Hugo, Balzac y Lamartine, además de Vigny, la Sand, Musset, Barbier y Heine, en literatura, mientras en música destacaría Berlioz, que estrenó en 1830 la *Sinfonía fantástica*.

Nada tiene de extraño que, viviendo en este ambiente, Saavedra se entusiasmase y escribiese, con la idea de estrenarla en París, una primera versión del *Don Álvaro;* una versión en prosa sobre la que no tardaré en volver. En París dio lecciones de español y, lejos de inmiscuirse en el ambiente de conspiraciones políticas de sus amigos Galiano e Istúriz, se mantuvo al margen de las actividades de los emigrados que formaron la Junta de Bayona con el objeto, frustrado, de sublevar a España contra Fernando VII. La policía francesa vigilaba a los refugiados españoles y Ángel no estaba dispuesto a arriesgarse a perder la pensión de 200 francos mensuales, reducida a 150 en 1832, con que le subvencionaba, como tal refugiado, el Gobierno francés, sobre todo después de que, en 1831, había aumentado la familia con el nacimiento de su hijo Gonzalo.

Cuenta Alcalá Galiano en sus *Memorias* que, a primeros de 1832, decidió, en vista de lo cara que resultaba la vida en París —pero puede que también por quitarse de en medio—, trasladarse a vivir a Tours, a donde le acompañaron Saavedra y su familia[92]. Ángel salió de París, probablemente hacia mediados de abril, huyendo de la epidemia de cólera que se había declarado, según dice

---

[92] Conf. A. Galiano, *Memorias*, vol. II, p. 514.

Díaz. La familia se instaló en una buena casa y el poeta siguió pintando y escribiendo. De acuerdo con la datación que figura al final del poema, *El moro expósito* fue terminado en Tours en mayo de 1833 y, al parecer, fue en este mismo mes cuando se trasladó a París con su familia. Al pedir a las autoridades francesas el permiso para hacerlo, alegó que, habiendo sido concedida por el Gobierno español una amnistía que incluía a la mayor parte de los refugiados que vivían en Tours, y habiendo sido él excluido de dicho acto de gracia, se veía privado de «una compañía tan necesaria a un individuo de [su] posición». Es cierto que Saavedra fue siempre muy amigo de las reuniones sociales, pero no lo es menos que sus proyectos literarios, uno de los cuales era la publicación en París del recién terminado poema, le aconsejaban trasladarse a aquella capital. Además, estaba el asunto del *Don Álvaro*, sobre el que tanto se ha escrito sin llegar a ninguna conclusión irrefutable. No siendo éste el lugar apropiado para discutir por extenso tal asunto, me limitaré a resumir la clara y sintética exposición de Ricardo Navas-Ruiz, quien, tras notar que no es muy evidente la relación entre *Don Álvaro* y *Les âmes du purgatoire* de Prosper Merimée, y teniendo en cuenta que esta novela se publicó en 1834, es decir, el año anterior al del estreno de la tragedia de Rivas, advierte que éste escribió su primera versión del drama entre 1830 y 1833, con la esperanza de que, una vez traducida, se estrenase en París, lo cual, debido a circunstancias que sería prolijo aducir, no llegó a suceder, siendo sin embargo cierto, si nos atenemos a los testimonios de Saavedra y sus amigos, que nuestro poeta dio a conocer su obra al escritor francés[93]. En todo caso, la cuestión es meramente erudita y no resta gloria, cualquiera que sea la verdad, a ninguno de ambos escritores.

Durante sus dos estancias en París, Ángel trató al poeta español Juan María Maury, quien, después de haber estudiado en Francia y en Inglaterra, había sido, durante la guerra de España, un afrancesado, motivo por el cual tuvo que huir de su país, fijó su residencia en la capital francesa y llegó a ser un conocido escritor en francés. «En París —dice Cueto— se complacía en el

---

[93] Conf. Ricardo Navas-Ruiz, *El romanticismo español. Historia y crítica*, Salamanca, 1970, p. 141 y ss.

Juan María Maury, grabado reproducido de su libro Esvero y
Almedora, París, 1840 (Colección de M. Aragón).

trato de los españoles, especialmente de aquellos que como el eminente guitarrista Sor, y los escritores Burgos, Martínez de la Rosa, Salvá, Saavedra y Alcalá Galiano, estaban dotados de talentos artístico y literario. Estos y otros muchos españoles distinguidos encontraron constantemente en casa de Maury afectuosos obsequios y el sabroso solaz de las artes y de las letras»[94]. Ello explica que Alcalá Galiano pudiese citar en 1834, al frente de su prólogo a *El moro expósito*, obra de la que me ocuparé en el capítulo próximo, unos versos de *Esvero y Almedora* —Esvero es el don Suero de *El paso honroso*—, largo y extraordinario poema, por desgracia olvidado, que no se publicó hasta el año 1840.

Pero no hay testimonios de que Saavedra se tratase con los grandes escritores franceses de su época, salvo con Merimée. En realidad, vivió refugiado en el seno de su familia y sólo frecuentó a los españoles que podían hacerse cargo de sus dificultades económicas, y se abstuvo de una vida social que le habría acarreado unos gastos excesivos y, en consecuencia, imprudentes.

En el regreso de Saavedra a París influyó sin duda la esperanza de poder volver a España que le hicieron concebir las noticias que le llegaban de Madrid. En septiembre de 1832, Fernando VII cayó gravemente enfermo. Como a poco de nacer su única hija, Isabel, habida de su cuarta mujer, María Cristina de Nápoles, sobrina suya y nieta de Godoy, había abolido, mediante la publicación de una pragmática, la ley Sálica, que prohibía el acceso al trono español de la línea femenina, los partidarios del infante don Carlos, hermano del rey, presionaron a la reina para que consiguiese la abolición de dicha disposición real. Fue una intriga cortesana encabezada por el ministro Calomarde y varios representantes de los jesuitas y el clero secular, defensores del autoritarismo y de los demás ideales del partido llamado apostólico. María Cristina tuvo que ceder pero, apenas restablecido el monarca, consiguió hacerse con el papel que se le hizo firmar en su lecho de enfermo, lo destrozó y arrojó los pedazos al rostro de su marido[95]. A raíz de estos suce-

---

[94] Cueto, *Op. cit.*, vol. III, p. 153.
[95] En esta ocasión, María Cristina propinó una bofetada a Calomarde y éste pronunció, con motivo de ella, la célebre frase «Manos blancas no ofenden».

sos, la reina, que había logrado hacerse con las riendas del poder, que ya no podía empuñar Fernando, herido de muerte, publicó el 7 de febrero de 1833 una amnistía en favor de los liberales perseguidos, encarcelados y emigrados. Esta amnistía no consideraba a Saavedra ni a los demás diputados que habían votado en Sevilla la incapacitación temporal del rey, pero el poeta esperaba, con razón, que una vez muerto Fernando, su mujer, que se había convertido en el ídolo de los liberales, concediese una amnistía total que le permitiese regresar a España.

Inmediatamente, María Cristina hizo que el rey nombrase una comisión, de la que fue miembro eminente el poeta Félix José Reinoso, cuya misión era preparar los decretos, comunicaciones, formalidades y ceremonias necesarios para la jura de la niña Isabel como heredera del trono[96]; y la jura se llevó a efecto, ante las Cortes convocadas para el caso, cuatro meses antes de la muerte de Fernando, cuando la princesa sólo contaba tres años de edad. Finalmente, el 4 de octubre de 1833, un triste período de la historia de España fue enterrado, con Fernando VII, en el monasterio de El Escorial. Si los liberales exiliados, y entre ellos Saavedra, hubiesen presenciado el final de la ceremonia del sepelio, no sé si hubieran sonreído ante su involuntaria comicidad, pero estoy seguro de que habrían sentido que un gran peso se les quitaba de encima. En efecto, el capitán de la guardia personal, tras haberse dirigido tres veces al cadáver del rey, y en vista de que no obtenía respuesta, declaró solemnemente: «Puesto que Su Majestad no contesta, es que está verdaderamente muerto»[97].

El decreto de amnistía total no se hizo esperar y fue publicado el 24 de octubre, y esta vez sí era amnistiado Ángel de Saavedra, quien no tardó en enviar a su familia a España y se quedó en París, vigilando la impresión de *El moro expósito*. Los liberales se agruparon en torno a la reina, mientras los apostólicos apoyaron las aspiraciones al trono del infante don Carlos. En realidad, la primera guerra carlista empezó el mismo día 24 de octubre de 1833 en que fue proclamada reina, bajo la re-

---

[96] Conf. Cueto, *Op. cit.*, III, p. 208.
[97] Conf. Jean Descola, *La España romántica, 1833-1868*, trad. de Óscar Collazos, Barcelona, 1984, p. 20.

gencia de su madre, y con el nombre de Isabel II, la hija del fallecido monarca: aquel mismo día, el infante don Carlos se declaró rey de España con el nombre de Carlos V. A esta España es a la que Saavedra estaba preparando su anhelado regreso.

Capítulo VI

EL DUQUE ROMÁNTICO
(1834-1843)

El día 9 de febrero de 1834, Ángel de Saavedra entró en España por La Junquera y dos días después prestó, ante las autoridades de Figueras, juramento de fidelidad a la monarquía española, hecho lo cual emprendió viaje a Madrid. En aquellas fechas, ya era primer ministro Martínez de la Rosa, autor, por encargo de la reina, de un Estatuto Real que quería ser el equivalente de una constitución moderadamente progresista. En realidad, el Estatuto no contentó a casi nadie, aunque los liberales se vieron obligados a aceptarlo porque restablecía hasta cierto punto las libertades perdidas durante la época del autoritarismo fernandino, aunque instituía una especie de despotismo ilustrado, dado que según su texto el Parlamento sólo estaba facultado para discutir los asuntos que le propusiese la real persona, atribución que los apostólicos consideraban excesiva. En todo caso, María Cristina hizo todo lo que pudo por arreglar los asuntos públicos... y no poco por poner en orden los suyos privados, pues no tardó en comenzar unos románticos amores, que serían consagrados, unas semanas después del flechazo, mediante un matrimonio secreto. La reina se casó en la capilla real con el guardia de corps Fernando Muñoz, hijo de un estanquero de Tarancón, hombre sencillo, pero de carácter, que, al parecer, logró hacerla feliz. «Quizás sea lo más evidente [del espíritu romántico] —ha escrito Navas-Ruiz— la proclamación de la libertad como ideal social extensible a todas las activida-

Los poetas contemporáneos, de Antonio Esquivel (Casón del Buen Retiro).

IDENTIFICACIÓN DE LOS PERSONAJES DEL CUADRO *LOS POETAS CONTEMPORÁNEOS,* de Esquivel

1. Antonio Ferrer del Río
2. Nicasio Gallego
3. Juan Eugenio Hartzenbusch
4. Antonio Gil y Zárate
5. Tomás Rodríguez Rubí
6. Manuel Bretón de los Herreros
7. Isidoro Gil y Baus
8. Cayetano Rosell y López
9. Antonio Flores
10. Francisco González Elipe
11. Patricio de la Escosura
12. Antonio Ros de Olano
13. Joaquín Francisco Pacheco
14. Mariano Roca Togores
15. Juan de la Pezuela
16. Gabino Tejado
17. Francisco Javier de Burgos
18. José Amador de los Ríos
19. Francisco Martínez de la Rosa
20. Luis Valladares
21. Carlos Doncel
22. José Zorrilla
23. José Güell y Renté
24. José Fernández de la Vega
25. Ventura de la Vega
26. Luis Olano
27. Antonio M. Esquivel
28. Julián Romea
29. Manuel José Quintana
30. José María Díaz
31. Ramón de Campoamor
32. Manuel Cañete
33. Pedro de Madrazo
34. Aureliano Fernández Guerra
35. Cándido Nocedal
36. Ramón de Mesonero Romanos
37. Gregorio Romero Larrañaga
38. Eusebio Asquerino
39. Duque de Frías
40. Manuel Juan Diana
41. Agustín Durán
42. Duque de Rivas
43. José de Espronceda
44. Conde Toreno

des públicas y privadas del individuo» [98], y la reina regente fue un buen ejemplo de este nuevo espíritu.

Dice Allison Peers que «hasta 1833, la rebelión [romántica] no fue más que una corriente subterránea en un río neoclásico de plácido exterior» [99]. Y no podía ser de otra manera, puesto que, como ya sabemos, el gobierno fernandino era enemigo de todas las novedades y había, además, establecido una férrea barrera legal contra los impresos en los que se aireasen nuevas ideas. De todas formas, tanto los escritores exiliados como algunos de los que se habían quedado en España, fueron madurando poco a poco una revolución literaria —o más bien un cambio pacífico— cuyos primeros resultados empezarían a ser del dominio público precisamente el año 1834. Ya en 1827, los futuros románticos, entre los que se contaban Larra, Estébanez Calderón, Bretón de los Herreros, Gil y Zárate, Patricio de la Escosura, Mesonero Romanos y otros, solían hacer tertulia en la casa madrileña de José Gómez de la Cortina; y durante los años 1829 y 1830, otra tertulia en la que se discutían asuntos literarios se reunió en torno a Salustiano Olózaga hasta que varios de sus miembros fueron detenidos por cargos políticos; pero la más célebre tertulia madrileña fue la del Parnasillo, inaugurada a finales del año 1830 en el café del Príncipe, y cuyos fundadores fueron Carnerero, Grimaldi, Bretón de los Herreros, Gil y Zárate, Estébanez Calderón y Mesonero Romanos. Allí iban a discutir Larra, Escosura, Espronceda y su inseparable Miguel de los Santos Álvarez, Eugenio de Ochoa, que terminaría por convertirse en el mayor propagandista del romanticismo; ya Salas y Quiroga [100]. En estos grupos, y en otros semejantes a ellos, se fue formando, sin duda, la opinión, luego reforzada por los repatriados, que tanto influiría en el carácter del romanticismo español. «Política y socialmente —dice Navas-Ruiz—, el romanticismo se identifica con el liberalismo, réplica de la sociedad burguesa a los excesos del absolutismo monárquico y de la revolución popular. Se tiende a construir una sociedad políticamente libre, pero a la vez estable, para lo cual se procura limitar

---

[98] Navas-Ruiz, *Op. cit.*, p. 30.
[99] Peers, *Historia del movimiento romántico español*, vol. I, p. 267.
[100] Conf. *Op. cit.*, pp. 292 y ss.

los privilegios, aumentar la representación popular y echar los cimientos de la justicia social [101].» Es algo que convendrá tener en cuenta cuando se trate de comprender la evolución política sufrida por los liberales exaltados del período fernandino —exaltados en contra de la tiranía— como Galiano, Istúriz y Saavedra, una vez vueltos a España.

Es verdad que aquella fermentación literaria e ideológica no pudo expresarse públicamente antes de la regencia de María Cristina, pues, como escribió Mesonero, «diez años de completo silencio, impuesto por el gobierno absoluto de Fernando, habían hecho desaparecer hasta la memoria del indiscreto ensayo hecho por la prensa política en el turbulento período constitucional de 1820 a 1823» [102]. Y también es cierto que no todos los escritores españoles esperaban con buena disposición a las ideas literarias que, presumiblemente, habían de ser aireadas por los repatriados. Así, el 7 de septiembre de 1833, Wenceslao Ayguals de Izco publicó en *El Vapor*, de Barcelona, un artículo titulado «El romanticismo» en el que declaraba que «En vano se afanan los defensores del género romántico por arrebatar el cetro que la sana razón ha puesto en manos de la literatura clásica. Los preceptos de Aristóteles han erigido el solio del buen gusto sobre bases indestructibles, y los gloriosos nombres de Racine, Molière y Moratín bastan para aterrar a esas numerosas filas de osados novadores que, arrojados a la lucha, tratan de fijar el imperio de la exotiquez sobre las ruinas de la verosimilitud. [...] ¿consentiremos su prostitución aclamando al reino absoluto del capricho?» [103] Parece que debía haber una batalla entre los tradicionalistas y los de la «exotiquez», pero no la hubo. Sencillamente, en 1834, Martínez de la Rosa estrenó su tragedia *La conjuración de Venecia*, Larra publicó su novela *Macías* y Saavedra dio a conocer, en dos volúmenes, *El moro expósito*, *Florinda* y otras composiciones románticas sin que se produjera ninguna tormenta crítica en sentido favorable o

---

[101] Navas-Ruiz, *Op. cit.*, p. 14.

[102] Mesonero Romanos, *Memorias de un setentón*, Madrid, 1975, p. 347. (Citado por José María Balcells, en *Prosa romántica de crítica y creación*, Tarragona, 1976, p. 13.)

[103] Este artículo ha sido reproducido en el libro de Balcells descrito en la nota anterior, de cuya p. 83 tomo esta cita.

adverso a ninguna de estas obras. Lo cual creo que debe interpretarse como una prueba de que el ambiente se hallaba lo suficientemente preparado para recibirlas con serenidad. De las cuatro, las más importantes son las dos de Saavedra, y en especial la primera de las nombradas.

El moro expósito fue impreso en un volumen y parte de otro, en el que se imprimieron la *Florinda* y los romances titulados «La vuelta deseada», «El sombrero», «El conde de Villamediana» y «El Alcázar de Sevilla», todos los cuales incluiría su autor en los *Romances históricos* publicados en 1841. Alcalá Galiano escribió un prólogo a *El moro* en el que defendía moderamente la doctrina romántica, y aquel mismo año apareció en la revista londinense *The Atheneum* una serie de artículos suyos, en uno de los cuales decía que Saavedra «se ha propuesto ser el poeta romántico de la España moderna» [104] y que la difusión de *El moro* podía tener como consecuencia «nada menos que un cambio en el gusto literario del pueblo español» [105]. En mayo, la prensa de Madrid anunciaba la aparición del poema de Saavedra, cuyos primeros ejemplares debieron llegar aquel mes, puesto que durante él aparecieron las primeras notas críticas, favorables pero no entusiastas. *La Revista Española* del día 23, al hacer su reseña anónima —que bien pudiera ser de Galiano—, le compara con Adam Mickiewies *(sic)* y dice de Saavedra que «dotado de una imaginación fogosa, y tan libre en sus opiniones literarias, como en sus doctrinas políticas, se ha lanzado a la carrera del *romanticismo*, cuya defensa está elegante y valientemente esplanada en el prólogo que precede a la leyenda». Sin embargo, el anónimo autor de este artículo piensa que *El moro expósito* no es una obra «esencialmente romántica», si bien rompe en muchas ocasiones los «grillos impuestos por lo que se entiende en sentido clásico por *buen gusto*». El artículo termina, en el número del día 24, con unas consideraciones sobre el argumento y los personajes y con la observación de que Saavedra se muestra «empapado en la lectura de los románticos afamados y en algunas ocasiones los imita en demasía», y cita, para

[104] A. Galiano, *Literatura española del siglo XIX*, p. 126.
[105] *Op. cit.*, p. 129.

comprobarlo, a Walter Scott, pero no da ningún otro nombre famoso.

Sería demasiado prolijo resumir aquí el complicado argumento de *El moro expósito* o *Córdoba y Burgos en el siglo X*, larga leyenda de 14.288 endecasílabos arromanzados, distribuidos en doce romances o cantos. Baste con decir que, tomando como base de partida las transformaciones sufridas a lo largo de nuestra historia literaria por la leyenda medieval de los Infantes de Lara, o de Salas, Saavedra compuso un largo relato cuyo protagonista es Mudarra, hijo bastardo del castellano Gonzalo Gustios, habido en una hermana de Almanzor. Mudarra venga la traición de que ha sido víctima su padre, y la muerte de sus siete hermanos, en las personas del traidor castellano Ruy Velázquez y del traidor moro Giafar, padre de su amada Kerima, siendo la muerte de este último a manos de Mudarra la causa de que, al final del relato, se frustre la boda de ambos amantes, ya al pie del altar.

El poema, en el que se describe, viva pero anacrónicamente, las culturas castellana y cordobesa, está dominado hasta tal punto por la idea de la venganza divina que puede decirse que su eje estructural es la acción justiciera de una Providencia que, si garantiza el libre albedrío del hombre, le exige estrictas cuentas de sus maldades. La acción principal de esta leyenda —que es el más bello relato en verso de nuestro romanticismo, y una de las joyas de este período literario— se entrecruza casi constantemente con una serie de acciones secundarias y peripecias de todo género que le prestan una animación y un colorido excepcionales. Mudarra es el típico héroe romántico, atormentado por sus recuerdos de infancia y adolescencia, de carácter cambiante por lo fácilmente impresionable, y casi pasivo pero eficaz instrumento de la Providencia que impulsa su actuación. Kerima es una heroína tan temperamental como el moro expósito, una joven que llega a perder la razón y nunca la recupera por completo. Más convencional es la figura de Gustios —aunque difiera en varios rasgos de la legada por la tradición—, pero, en cambio, el de Ruy Velázquez es uno de los caracteres más destacados de nuestro romanticismo, o tal vez el más completo y convincente de todos ellos. A pesar de lo cual, *El moro expósito* no es tan leído como se merece. Ello se debe, en gran parte, o estoy muy equivocado, a la injusta crítica que hizo de él Azorín cuando comenzaba a convertirse en uno de los escritores más estimados de su tiempo.

No es posible hacer aquí un resumen de la fortuna crítica de *El moro expósito* [106], pero sí conviene, en vista de lo dicho, referirse al libro de Azorín *Rivas y Larra, razón social del romanticismo español*, cuya primera edición es del año 1916 [107], pues no deja de ser significativo que desde este año hasta el 1956 no se hiciese en España más que una edición de *El moro*, aparecida en 1918, lo que parece demostrar, cuando menos, la influencia de la crítica de Azorín en el olvido de tan bello y fundamental poema.

En realidad, lo que *Rivas y Larra* demuestra es una incomprensión por parte de su autor de la naturaleza literaria, estética e ideológica del romanticismo. «Nuestro romanticismo —dice Azorín— ha sido superficial y palabrero. [...] Descuella entre todos los románticos Ángel de Saavedra (p. 19)», y esto poco después de casi haberle negado su condición de escritor, pues «El duque de Rivas era un pintor. Su obra literaria es la de un pintor. Ama Saavedra el color, el contraste de los colores. En sus romances se complace en describir menudamente los muebles, los trajes, el aspecto de la calle y de la campiña (p. 16).» Empecemos por advertir que esto no lo hacía Saavedra porque fuese un pintor, sino porque era un escritor romántico. «Como conjunto —ha escrito el gran estudioso del romanticismo Jacques Barzun— no ha habido nunca un grupo más persistentemente curioso de la realidad que el de los artistas románticos. La mayor parte de su poesía fue un archivo de observaciones, ya de sus propias almas, ya del mundo exterior. La exactitud es a veces penosa y el detalle excesivo. Pero ha habido pocos observadores e informadores tan minuciosos y abarcadores como Wordsworth, Balzac, Hazlitt, Goethe, Victor Hugo y Stendhal» [108], nómina a la que se debe añadir Saavedra. Es más, Walter Scott —uno de los modelos de nuestro autor— se refiere al poeta, en el prólogo a su

---

[106] El lector lo encontrará en mi libro *Aspectos estructurales de «El moro expósito» del Duque de Rivas*, Uppsala, 1973, pp. 69-91.

[107] Manejo la de Madrid, de 1957. Los principales estudios sobre Rivas se encuentran reseñados en la bibliografía del presente libro.

novela *Ivanhoe*, bajo el símil de un pintor, claro que sin
negarle por ello su esencial categoría de escritor. Estamos
hablando, en realidad, de lo que cualquier estudioso del
romanticismo conoce por el nombre de pintoresquismo,
o gusto por lo pintoresco, por el detalle, por lo peculiar,
propio de la escuela romántica, una de cuyas consecuencias fue el costumbrismo.

Pero las críticas de Azorín contra Rivas no paran ahí,
sino que, refiriéndose a los romances históricos, señala
en ellos incoherencias y «pintoresquismo». En cuanto a
este último, no voy a añadir nada; en cuanto a las su-
puestas incoherencias, habrá que recurrir otra vez a la
autoridad de Barzun, aunque podría recurrirse a otras
muchas, quien nos enseña que «En algún caso particular,
la incoherencia puede proceder de la fidelidad con que
se reciben las impresiones, es decir, el hecho objetivado
es la causa del desorden en la expresión; por lo que, incluso en sus fallos, el romántico —debido en realidad
a su lucidez— es un realista» [108]. Es exactamente lo que
también sucede —y no sólo en el romanticismo— en los
grandes relatos orientales —persas, árabes, etc.—, que
tendríamos que condenar en conjunto si nos atuviésemos
al racionalismo pequeñoburgués de Azorín.

En cuanto a *El moro expósito*, opina el autor de *Rivas
y Larra* que «con su talento de pintor, Rivas no pasa
nunca del color de los planos primeros; en cuanto hay
que entrar en las cosas, nuestro poeta desaparece» [110]. Casi
no vale la pena recordar que los problemas morales que
plantea esta obra han sido objeto de la atención de muchos estudiosos, a los que por lo visto ignoró Azorín.
Pero más notable que cuanto ya se ha dicho es que Azorín termina por burlarse de Rivas, diciendo, entre otras
cosas del mismo jaez, que en *El moro* está «todo muy
arregladito y compuesto para niños de ocho años» y por
tratar despectivamente a nuestro poeta, con una absoluta
falta no sólo de sentido histórico, sino incluso de la más
elemental elegancia.

Y, sin embargo, casi toda la crítica ha reconocido que

[108] Jacques Barzun, *Classic, Romantic and Modern*, New
York, 1961, p. 62.
[109] *Op. cit.*, pp. 70-71.
[110] Azorín, *Rivas y Larra, razón social del romanticismo en
España*, Madrid, 1957².

esta leyenda, juntamente con *Don Álvaro* y los *Romances históricos*, es una de las obras maestras de Rivas y, por supuesto, del romanticismo español, sin dejar por ello de señalar defectos y discutir la oportunidad de ciertos episodios del poema, claro está que analizando de manera conveniente y seria, y no con frivolidad.

En todo caso, el afán por comparar, de manera expresa o tácita, el estreno de *Don Álvaro*, al que en seguida me referiré, con el del *Hernani* de Hugo —a Rivas se le llamó, ya en el siglo XIX, el Victor Hugo español— ha hecho olvidar a algunos críticos e historiadores que la primera piedra del pleno romanticismo español no es esta tragedia, sino aquella leyenda. Y no será ocioso recordar que, mientras el teatro romántico (del que *Don Álvaro* fue una de las cumbres, más que un ejemplo para los demás dramaturgos) tuvo una vida relativamente corta, que puede darse por terminada con el estreno, en 1844, del *Don Juan Tenorio* de Zorrilla, la leyenda romántica se prolongó, como género literario, incluso durante más tiempo que la poesía lírica de esta tendencia.

El 15 de mayo de aquel año de 1834, tan decisivo en la vida de Ángel de Saavedra, murió en Madrid su hermano el duque, a consecuencia de una pulmonía aguda, y como quiera que no dejaba herederos legítimos, todos sus títulos pasaron a Ángel, que se vio convertido en el tercer duque de Rivas. La poco conocida historia del recién fallecido Juan Remigio merece la pena de ser contada tal y como nos la ha transmitido Boussagol, según los informes que le proporcionó, en 1925, el marqués de Valdeiglesias. De acuerdo con tales informes, Juan Remigio, siendo ya viudo, conoció, cuando viajaba en diligencia de Madrid a Andalucía, a una bella mujer, de apellido Coig, con la que entabló una conversación que fue haciéndose cada vez más íntima. La señora Coig le contó que se dirigía a Cádiz con objeto de reunirse con un hombre al que no conocía y con el que había sido casada por procuración —un tema semejante aparece en la comedia de Rivas *El parador de Bailén*—, a pesar de la repugnancia que le causaba semejante matrimonio. Llegados al Puerto de Santa María, los ya perdidamente enamorados, en lugar de seguir hasta Cádiz, se fueron a Sanlúcar de Barrameda y, en adelante, vivieron juntos. Como fue imposible conseguir la anulación del matrimonio de la señora Coig, a pesar de que no había sido consumado, Juan Remigio y ella no pudieron casarse y, aunque tuvieron varios hijos, ninguno de ellos pudo, puesto que no eran legítimos, heredar los títulos y propiedades del padre [111].

El 24 de julio se abrieron las sesiones de las Cortes, y Rivas, que ocupaba uno de los escaños del Estamento de Próceres como consecuencia del título que acababa de heredar, fue elegido segundo secretario del mencionado Estamento y, al día siguiente, por repentino fallecimiento del primer secretario, Diego Clemencín, fue elegido para ocupar este cargo. El día 2 de agosto, y en respuesta al discurso de la Corona, pronunció una oración parlamentaria en la que prevaleció un tono de oposición moderada pero enérgica a la política de Martínez de la Rosa. Pidió Rivas una buena ley de imprenta, la organización de la milicia urbana y la reglamentación de las relaciones con las colonias americanas. También pronunció Rivas un discurso en apoyo de la ley por la que se excluía a perpetuidad al infante don Carlos y a su familia de la sucesión al trono español, y puntualizó que su aprobación se debía no sólo a la guerra civil provocada por aquel príncipe, sino también debido a las ideas contrarias a la libertad que profesaban tanto él como sus partidarios. Pero su actuación más constante fue la de oposición a Martínez de la Rosa, tarea en la que le acompañó, desde el Estamento de Procuradores, o Cámara Baja, Alcalá Galiano y, desde su propio estamento, Manuel José Quintana. Todo lo cual tuvo por consecuencia que el 8 de junio de 1835 cayese el ministerio presidido por el autor de *La conjuración de Venecia*, que fue sucedido por el efímero del también poeta conde de Toreno, a cuya caída en el mes de septiembre formó nuevo gobierno Mendizábal, al que Rivas y sus amigos exaltados de los años veinte consideraban demasiado a la izquierda del liberalismo, debido a lo cual pasaron a oponérsele en nombre de la moderación. Pero dejemos ahora las cuestiones políticas para ocuparnos de los acontecimientos literarios que habían ocurrido mientras tanto.

El 2 de julio de 1834 se estrenó en Madrid la comedia, escrita en Malta, *Tanto vales cuanto tienes,* que no fue muy bien tratada por Larra en el artículo sobre ella que publicó en la *Revista Española* del día 6. A pesar de la

---

[111] Conf. Boussagol, *Op. cit.*, p. 56.

escasa repercusión de este estreno, y debido al prestigio
que habían ganado para él los dos tomos de poesía impresos en París, Rivas fue elegido para la Real Academia
Española, en la que pronunció el discurso de ingreso el
9 de octubre. El periódico *La Abeja* opinó que «De este
modo acredita la Academia que no queda retrasada en
el gran movimiento del Siglo». El discurso de Rivas es
un elogio de la lengua castellana en el que se encuentra un dato no confirmado por los biógrafos: que el poeta había viajado por las islas del Egeo. ¿Es cierto que
estuvo en ellas? El asunto queda abierto a la investigación. Por lo demás, la posición política del nuevo académico queda de manifiesto cuando se refiere a «la juiciosa libertad que empieza a establecerse en España»,
mientras su romanticismo se muestra en su rechazo del
academicismo de origen francés y en el elogio que hace
de Walter Scott.

El 22 de marzo de 1835, Rivas estrenó en el Teatro del
Príncipe, de Madrid, la tragedia *Don Álvaro o La fuerza
del sino*, que estuvo en cartel hasta el día 29 y fue representada en otras tres ocasiones entre los días 2 y 6 de
abril. La prensa había creado cierta expectación, incluso
mezclando la causa de la libertad política con la de la
libertad poética, pero, después de estrenada, la tragedia
de Rivas fue calificada de «extrañeza» y se puso de relieve en la prensa que entre el público hubo aplausos y
silbidos. También hubo quien la tachó de inmoral, pero
no le faltaron defensores. Artísticamente, hubo quien la
consideró monstruosa. Lo que se produjo, en realidad
fue una clara división de opiniones, pese a la cual el extraordinario decenio del teatro romántico español quedó
abierto con ella, y no será preciso decir que ninguna de
las obras que la siguieron llegó a superarla, ni siquiera
a igualarla.

Como se ve, no es posible comparar el estreno del *Hernani* de Hugo con el de esta obra de Rivas, a la que Eugenio de Ochoa calificó, yo pienso que con razón, de «terrible personificación del siglo XIX». *Don Álvaro* fue bien
acogido en Barcelona y silbado en Sevilla. Cueto, en la
crítica que publicó en *El Artista*, juzga a esta obra como
claramente romántica debido a la ausencia de moralización, al abandono de las reglas del teatro clásico y a la
pintura de costumbres. No será preciso hacer aquí el panegírico de esta pieza fundamental de nuestro romanti

cismo —arrebatada, imaginativa, colorista—, en la que
se nos muestra a un don Álvaro arrastrado por una fatalidad ciega y sorda a sus intenciones y deseos que termina por conducirle al suicidio, pero sí me parece oportuno referirme a la falta de «acomodación» a la religión
católica de que habla el ex seminarista Díaz en su escrito
biográfico.

Efectivamente, nada más lejos de la concepción católica del mundo que esta obra de Rivas, puesto que, al
contrario de lo que sucede en *El moro expósito*, donde
la Providencia es el verdadero motor de los acontecimientos, en *Don Álvaro* es un ciego e incomprensible Hado el
que persigue implacablemente al protagonista y le obliga
a obrar —mucho más claramente que a la generalidad
de los héroes de la tragedia griega— en contra de sus
deseos y propósitos. Si se une a esto las críticas contra
el clero regular y contra un obispo, así como la ironía
con que es tratado un arcipreste, todo ello en *El moro*,
se puede llegar a la conclusión, a mi parecer errónea,
de que Rivas fue, cuando escribió estas dos obras maestras, un escritor anticatólico. Más justo parece el juicio
de Guido Mancini, según el cual, en la obra de Rivas, la
religión católica no es una fe, ni un sentimiento, ni mucho menos un problema, pues cuando se refiere a ella
«la resuelve en una actitud exterior, o mejor, en un detalle decorativo y escenográfico», lo cual afirma el estudioso italiano después de haber escrito que «el concepto
del destino es en Rivas una intuición poética, casi una
necesidad afectiva más que el resultado de una meditación» [112].

Yo no iría tan lejos como para afirmar con Peers que
«la característica predominante de "su pensamiento" es
la idea pagana —que, sin embargo, no carece de representantes en el Siglo de Oro— de que el hombre es ju-
guete del destino» [113], y no lo haría por lo que acaba de
decirse en relación a *El moro expósito*. Sí llamo, en cambio, la atención sobre el hecho de que las razones de Rivas

[112] Conf. Guido Mancini, «Religione e tradizione nell'opera
del Duque de Rivas», en *Annali delle Facoltà di Lettere, Filosofia e Magistero dell'Università di Cagliari*, vol. XIX, parte I,
pp. 196-197.
[113] A. Peers, *Historia del movimiento romántico español*,
vol. II, p. 342.

no solían ser ideológicas, sino artísticas, y una prueba
de ello es su inconsistente y cambiante actitud ante la
civilización arábigo-española, a la que me he referido en
otro lugar, llegando a la conclusión de que «Su ideología,
que no creemos muy definida, no se imponía [...] a las
necesidades de la estructura poética. Es algo que hay
que tener muy en cuenta» para no incurrir en interpretaciones falsas, pues, no siendo Rivas un ideólogo, «su
poesía debe, en la mayoría de los casos, ser interpretada
únicamente desde el punto de vista estético» [114].

Que Rivas fuese un tanto anticlerical es una cosa, y
otra, que su anticlericalismo tuviera profundas raíces religiosas; y esta falta de inquietud ante la fe coincide con
la posición de muchos de sus contemporáneos españoles,
pues según Navas-Ruiz, «la religión como sentimiento [...]
carece de importancia en el romanticismo español» [115].

Aunque Rivas declaró en el prólogo a su comedia *Solaces de un prisionero* que nunca pretendió «cumplir con
la alta misión del poeta, dando lecciones al mundo y me-
jorando a la sociedad», parece que estas palabras fueron
dictadas por el desengaño, pues, como estamos viendo, a
raíz de su vuelta a España no se concedió descanso y, si
activo fue en política y en literatura, no lo fue menos
en la organización de empresas culturales. Una de ellas
fue la reapertura —o más bien nueva fundación— del
Ateneo de Madrid, que había sido clausurado el año 1823.
Contribuyeron a esta empresa Mesonero Romanos, Alcalá Galiano y otros intelectuales de nota, y Rivas fue
presidente de esta institución desde el día de su apertura hasta el año 39. El discurso de inauguración fue
pronunciado por nuestro poeta el 6 de diciembre de 1835,
y los conceptos vertidos en él fueron moderados y tolerantes desde el punto de vista ideológico. Centro de actividades liberales y progresistas en general, «es a un
mismo tiempo lugar de discusión y establecimiento de
enseñanza. Los cursos públicos que en él se imparten
versan sobre las ciencias, las lenguas y la economía política» [116]. La extraordinaria importancia del Ateneo para
la España romántica queda confirmada por la frecuente
presencia en sus dependencias y en sus sesiones públicas

[114] Conf. A. Crespo, *Op. cit.*, p. 18.
[115] Navas-Ruiz, *Op. cit.*, p. 291.
[116] Témime, *Op. cit.*, p. 150.

de escritores tan señalados como Lista, Espronceda, Donoso Cortés, Díaz, Galiano, Mesonero y tantos otros. También se hizo presente Rivas en el Liceo, institución fundada en 1837, pero es cierto que nunca trató de convertirse en el Victor Hugo español, es decir, en el director intelectual de la corriente romántica española, cosa que se comprende bien si se tiene en cuenta su desinterés por las cuestiones teóricas y su constante dedicación a la política.

Desde que Mendizábal formó su ministerio, Rivas coordinó la oposición contra él y logró darle un golpe mortal con su proposición de poner coto a los votos de confianza. En efecto, una vez caído este gobierno, la reina encargó a Istúriz, el 15 de mayo de 1836, de formar uno nuevo. Aunque Rivas se opuso a compartir el poder, no tuvo más remedio que aceptar el cargo de ministro de Gobernación. El día 16, la Cámara Baja silbó a los nuevos ministros en el acto de su presentación, y sé cuenta que nuestro poeta exclamó, entre incrédulo e indignado: «¡Es posible! ¡Silbarme a mí!» Nadie discutía seriamente al poeta, pero no eran pocos los que se oponían al político: Espronceda juzgó muy duramente al gobierno Istúriz y tomó parte en la sublevación contra él de la Milicia Nacional; Larra, en cambio, se presentó a las elecciones, en cuya dirección fue muy eficaz Rivas, y logró ser elegido diputado por Ávila. Pero si *Fígaro* no iba a ocupar nunca su escaño, Saavedra iba a durar poco al frente de su ministerio. La rebelión de los sargentos de La Granja obligó a la reina regente a promulgar, una vez más, la Constitución de 1812, el pueblo se echó a la calle y, entre otros desmanes, cometió el de asesinar al general Quesada, cuyos dedos cortó, según algunos contemporáneos, y fueron echados en las tazas de los clientes de los cafés de la Puerta del Sol.

Rivas se refugió en casa de Villiers, el ministro de Inglaterra, en la que permaneció veinticuatro días antes de iniciar su segundo exilio cruzando la frontera de Portugal. Todos los que han escrito sobre la vida de nuestro poeta han dicho que, a la vuelta de su primer destierro, dejó de ser el liberal exaltado de los años veinte y se fue haciendo cada vez más conservador. Ya hemos visto que Rivas y los demás exaltados de peso político, salvo Mendizábal, apoyaron incondicionalmente el Estatuto Real, y ello se debió a que lo creían un buen instrumento para iniciar la democratización del país. De ahí que, cuando Mendizábal lo puso en peligro con sus reformas, se opusiesen a su gobierno.

Lo que acababa de suceder debió de hacer reflexionar a Rivas. Si había defendido públicamente la inhabilitación del rebelde don Carlos y, en consecuencia, se había puesto en contra de apostólicos e integristas, ¿cómo iba a ponerse al lado de unas masas que cometían tales desmanes y habían llegado a poner en peligro su vida en nombre de la Constitución del 12, que él había defendido cuando lo creyó oportuno, en nombre de esas mismas masas populares? En realidad, Rivas adoptó en adelante una posición que trataba de combatir a los extremos revolucionarios tanto como a los reaccionarios, en nombre de un liberalismo inspirado por las doctrinas conservadoras de Burke, el cual creía en la continuación de la tradición para asegurar, al mismo tiempo, la libertad y la gobernabilidad [117], posición, ésta, muy semejante a la que dejan traslucir las conocidas *Cartas a Lord Holland* del también liberal Quintana. Téngase, además, en cuenta que la moderación era tanto más necesaria en la España constitucional cuanto mayor era la necesidad de erradicar el carlismo, primer enemigo de la Constitución y de todas las libertades.

A Rivas se le secuestraron los bienes, pero él consiguió, no sin pasar apuros y peligros, llegar a Lisboa, desde donde se trasladó a Gibraltar, plaza gobernada a la sazón por su amigo Woodford. Allí distrajo su tiempo pintando y escribiendo algunos de sus mejores romances. Una vez promulgada la Constitución de 1837, Rivas la juró el 4 de agosto y pudo volver a España sin dificultades. Desembarcó, en efecto, en Cádiz y desde aquella ciudad se trasladó a Sevilla.

El 19 de noviembre se reunió en sesión extraordinaria un Parlamento en el que Saavedra figuraba como senador por Cádiz. Nombrado Ofalia primer ministro en el mes de diciembre, el poeta decidió colaborar con él, pero no aceptó cargos y se limitó a expresar públicamente sus opiniones y, como es natural, a intervenir en las maniobras políticas de los conservadores. En la sesión del Senado del 1 de mayo de 1838 pronunció un discurso en

---

[117] Conf. *Romanticism*, edited by John B. Halsted, New York, 1969, pp. 189 y ss.

el que sostuvo que la expropiación de que, como consecuencia de las leyes desamortizadoras de Mendizábal, habían sido objeto los bienes de las monjas —de los frailes
pensaba que podían trabajar— era, además de una injusticia, una medida antieconómica y antipolítica. Rivas admitía la facultad del Gobierno para reformar las comu-
nidades religiosas, pero no admitía el despojo de sus propiedades «para que se enriquezcan una docena de es-
peculadores inmorales que viven de la miseria pública»,
máxime cuando con ello no se había mejorado la suerte
de los proletarios, que no participaron del reparto. Nuestro senador creía que «los españoles, que componen una
nación timorata de suyo, con ciertas creencias y costumbres que no pueden destruirse de una vez, y que es preciso que pasen generaciones enteras para que puedan
desaparecer, ¿han podido ver con sangre fría escarneci-
dos los objetos de su culto?» Como se ve, Rivas no defiende esas creencias pero, como político realista, cree
que hay que contar con ellas; y tampoco propone la de-
volución de los bienes desamortizados «porque en política las cosas se deben tomar del punto en que se encuentran, sin ir ni un paso atrás». Lo que parece que
desea es terminar con las especulaciones inmorales origi-
nadas por la desamortización y, después de un largo
razonamiento, termina por pedir que, por lo menos, no
se despoje a las monjas de sus bienes dotales [118].

El 4 de septiembre de 1839 saludó gozoso, en una alo-
cución al Senado, la paz de Vergara, que había puesto
término a la guerra carlista; y el 19 de octubre planteó
en otro discurso un grave dilema: o se devolvían los fueros a las provincias vascongadas, cumpliendo lo tratado
en Vergara, y se infringía al hacerlo la Constitución, o
no se devolvían, en cuyo caso se atentaría contra la paz.
Su proposición es idealista por demás: hay que devol-
ver los fueros, pero con la esperanza de que los vascos,
viendo que los demás españoles tienen leyes tan sabias
como las suyas, procuren armonizar unas y otras en su
territorio foral.

El pronunciamiento de septiembre de 1840 y la abdicación de la reina regente el 12 de octubre, con su consi-
guiente destierro en Francia, hechos que tuvieron por
consecuencia el período de regencia del general Espar-

---

[118] Conf. *Obras completas*, vol. III, pp. 412-416.

tero, que se inició el 19 de marzo de 1841, invitaron al duque a alejarse de la política e irse a vivir en Sevilla. Allí escribió, todavía en 1840, la comedia *Solaces de un prisionero;* en 1841, la comedia *La morisca de Alajuar* y, en 1842, las tituladas *El crisol de lealtad* y *El parador de Bailén*, obra esta última de escenas muy desiguales pero de indudable fuerza cómica. En su conjunto, estas piezas representan una vuelta a la inspiración del teatro clásico español, y siendo contemporáneas de otras de semejante tendencia escritas por Zorrilla, se anticipa, con ellas, a los modos y modas del teatro poético del postromanticismo.

También es de 1842 el drama fantástico en cuatro actos *El desengaño en un sueño*, una de las obras teatrales más ambiciosas de Rivas y, con *Don Álvaro*, una de las dos más acendradamente románticas. Los terribles efectos del amor, la riqueza y el poder son mostrados en un sueño mágicamente provocado por el mago Marcolán a su hijo Lisardo, al que tiene confinado en un islote para librarle de ellos porque conoce su naturaleza ambiciosa y feroz. El joven quiere formar parte de un mundo que conoce por la lectura de los libros de su padre y por lo que éste le ha contado de él, y Marcolán se ve obligado a provocar el mencionado sueño, en el que Lisardo protagoniza una historia de traiciones y crímenes que termina por condenar su alma al infierno. Afortunadamente, todo ha sido pura ilusión, pero, cuando Marcolán le despierta y le propone irse al mundo, Lisardo se niega resueltamente a hacerlo. La variedad de metros, el cambio constante de decoraciones, la sucesión rapidísima de los episodios, crean un ambiente de irrealidad, sí, pero también de estupendos y significativos prodigios que hacen de esta obra un caso particularísimo no sólo del teatro rivasiano, sino de toda la producción romántica española. Rivas nunca pudo ver representada esta obra debido, sin duda, a que los empresarios se arredraron ante lo complicado de la escenificación y la tramoya que tan original obra exigía.

Pero el gran acontecimiento poético de aquellos años sevillanos fue la publicación, en 1841, de los *Romances históricos*. Si bien es cierto que ya había defendido Meléndez Valdés la rehabilitación del romance, nunca totalmente olvidado por las sucesivas promociones de poetas españoles, no lo es menos que fue Rivas quien lo rehabilitó y dignificó hasta el extremo de ser sus composiciones en este metro aquellas a las que podemos llamar primeros romances contemporáneos. En el prólogo a los *Romances históricos*, nuestro poeta reafirma su romanticismo, aboga por la regeneración del romance, desnaturalizado por los seguidores de Meléndez, y lo define como «verdadero metro nacional». Hace luego una historia del romance —sobre la que, dados los conocimientos de la época en general y de Rivas en particular, habría mucho que decir— y se lamenta de que en su tiempo «acaso de regeneración», «no haya renacido con muchas ventajas el romance octasílabo castellano». Defiende también la suave armonía de la rima consonante y la facilidad de cambiarla en las composiciones largas, y recomienda su empleo tanto en la narración y en la descripción como para expresar pensamientos filosóficos y para el diálogo pero, sobre todo, para las composiciones de carácter histórico.

En realidad, los romances de Rivas destacan por sus descripciones minuciosas de ambientes, atuendos, actitudes y objetos, así como por la vivacidad de sus diálogos. En muchos de sus fragmentos se anticipa el tono —ya descriptivo, ya narrativo— de los mejores romancistas españoles del siglo XX. Cañete, al juzgar este libro, consideró a su autor como a un poeta de élite, pues creía que sus romances estaban demasiado cargados de bellezas para ser gustados por un público de mal gusto [119], con lo que parece anunciar sin pretenderlo el elitismo de la poesía española de la primera mitad de nuestro siglo.

¿No nos suenan a muy contemporáneos estos versos del romance titulado «Don Álvaro de Luna»:

> Se alza una nube de polvo
> de lejos por el camino,
> y al tropel que la levanta
> borra y tiene confundido.
> En ella relampaguean
> reflejos de acero limpio
> y forman un trueno sordo
> herraduras y relinchos?

---

[119] Manuel Cañete, «Estado actual de la poesía lírica en España», en *El Fénix*, 28 de junio de 1846.

¿O estos otros de la misma composición:

> La reina a Solís llevóse
> y el rey abrió con presura
> el balcón, cual si quisiese
> gozar del aura nocturna;
> y el trono, cetro y corona
> maldiciendo en voces mudas,
> ojos de lágrimas llenos
> clavó en la menguante luna?

Los romances de Rivas inspiraron a Zorrilla sus leyendas, unas veces por su metro y otras por sus temas, y éstas influyeron a su vez en Rivas, cuando menos al escribir la suya «La azucena milagrosa». Es precisamente Zorrilla quien, en *Recuerdos del tiempo viejo*, habla de la generosidad con que fue recibido en Sevilla por el duque, y del esplendor de la casa en que éste vivía. Allí le visitó, en efecto, el año 1842, y fue también en aquella época cuando Nicomedes-Pastor Díaz estuvo en su casa tomando notas para escribir su biografía, en la que se hace lenguas de las noches pasadas en su compañía «en los encantadores patios de Sevilla, entre columnas de mármol y macetas de flores y árboles y fuentes, en la sociedad de amigos y de hermosas, tan amena como aquellos jardines» [120]. Entre los contertulios de la capital andaluza figuraron también el joven Campoamor, Cueto, Rubí y otros escritores, a los que Rivas leía sus versos, y con los que discurría de literatura y de política.

[120] Díaz, *Op. cit.*, p. 229.

Capítulo VII

LOS ÚLTIMOS AÑOS: DIPLOMACIA, HISTORIA
Y POESÍA
(1843-1865)

El apoyo que parte del pueblo prestó a Espartero en ocasión de su pronunciamiento en 1840 despertó el estro lírico del duque de Rivas, quien juzgó duramente a los partidarios de la dictadura y les llamó «necios [que] a seres nulos la entregaron [a la patria] / cual se entrega una víctima al verdugo». Y continúa, en la poesía titulada «Lamentación»:

> En manos degradadas e impotentes
> tantas glorias recientes,
> tantas glorias antiguas se eclipsaron;
> y hundidos los trofeos
> y perdidos los ínclitos afanes,
> lo que no consiguieron los titanes
> consiguiéronlo, ¡oh mengua!, los pigmeos.

Claro está que el titán es Napoleón, y el pigmeo, Espartero. Esta poesía, escrita en Sevilla a últimos del año 1840, es una vuelta a la estética del Siglo de Oro —al admirado Herrera, sobre todo— y a los maestros de principios del XIX —Quintana, Gallego—, y es indudable su afinidad con la poesía patriótica de la guerra. Dice de España:

> ¡Ay!... Vedla, vedla escuálida, doliente,
> rotos los miembros todos y esparcidos,
> ludibrio de franceses y britanos.
> Vedla, como cadáver impotente,
> sólo por hijos producir gusanos
> que se ceban, insanos,

con rabia furibunda,
en sus entrañas, disputando fieros
de la madre anhelante y moribunda
los míseros despojos postrimeros.

Y el poeta se pregunta: «¿La patria de Pelayos e Isidoros / desaparecerá?» A Rivas le dolía España, cogido en la contradicción entre su liberalismo conservador y la actitud de un pueblo que confiaba la solución de sus problemas a la dictadura militar. A las turbas revolucionarias las ve, en la poesía «La asonada», que es de la misma época que la anterior, como a pandillas de bárbaros y precitos que amenazaban a la religión, a la cultura y, sobre todo, al orden. El viejo poeta no entendió los movimientos revolucionarios que iban a cambiar la faz del mundo occidental, pues seguía creyendo en sus ideales constitucionalistas y progresistas, pero consideraba injusta cualquier clase de violencia. Oigámosle:

Vivas dan, y ¡qué vivas espantosos!,
a viles criminales,
a inicuos desleales,
a ideas que ni aun pueden discernir.
    A las leyes, que hollando van furiosos,
al interés mezquino
del que les diera el vino,
que entre crímenes deben digerir.

Ya más sosegado, se aísla, como sabemos, en la paz de su casa sevillana y escribe las obras teatrales de que hemos hablado y los poemas que completan los *Romances históricos*. Durante la época que vamos a estudiar a continuación, Rivas no escribirá más teatro pero, en cambio, continuará escribiendo poesía lírica y, en el campo de la prosa, se ensayará en la historia y en la descripción de sus viajes por el sur de Italia; escribirá, además, la poesía narrativa de sus leyendas.

A la caída de Espartero en 1843, el duque se fue a Madrid y el nuevo gobierno le puso interinamente al frente del ayuntamiento de la capital y le nombró senador por Córdoba y vicepresidente del Senado, cargo que aprovechó para pronunciar un discurso en el que apoyaba la ley que proclamó mayor de edad a la reina Isabel II, de la que esperaba que

Si fundó esta nación otra Isabela,
sálvala tú, gloriosa,
de la discordia insana que la asuela,
y la fama confunda
la primera Isabel con la segunda.

La reina prestó su juramento el 10 de noviembre y, el 28, Olózaga la obligó, incluso con fuerza física, a firmar un decreto de disolución del Parlamento. Reunida con un grupo de notables, entre los que se encontraba Rivas, que se había ido a vivir en Palacio para velar por la buena marcha de los acontecimientos, Isabel denunció la violencia de que había sido objeto, y el decreto no tardó en ser anulado. El nuevo reinado no comenzó, pues, con buenos augurios. González Bravo aprovechó la ocasión para promulgar una serie de medidas reaccionarias.

Estos acontecimientos debieron desengañar al duque, que ya no deseaba dedicarse activamente a la política y optó por servir a España, y por ayudar a su economía nunca boyante, como diplomático. Valiéndose de su prestigio y de sus influencias, logró que, el 1 de enero de 1844, se le nombrase enviado extraordinario y ministro plenipotenciario ante el rey de Dos Sicilias. Después de una serie de dilaciones, emprendió viaje e hizo escala en Malta el 29 de febrero; el 4 de marzo desembarcó en Nápoles y el 11 presentó sus cartas credenciales. Se iniciaba, aquellos días, uno de los períodos más felices de su vida.

Aunque fue muy bien recibido por el rey y los notables del reino, sus primeras impresiones de aquella corte un tanto provinciana no fueron nada favorables. En una carta del 18 de junio, dirigida a Antonio Gutiérrez de los Ríos, dice a este amigo, después de disculparse por no haberle escrito antes:

Hoy aprovecho un momento algo más desocupado para decirte que estoy bueno, y contento de este país, *física* y *arqueológicamente* hablando; pero no tanto mirado bajo otros puntos de vista. El clima no es ni con mucho el de nuestra Andalucía, las gentes no tienen afectos de ninguna especie, las mujeres son feísimas, sosísimas, sin gracia alguna y *castísimas;* los jóvenes son insulsos y pazguatos, la alta sociedad un trasunto pálido y descolorido de la de París; la mediana, encogida, gra-

ve y secadora *(sic);* la baja, soez, sin alegría ni
chiste. Las mujeres en Nápoles no pasean, no se
las ve ni en las calles ni en las tiendas. Las mucha-
chas solteras no van a ninguna parte y jamás se las
ve en las tertulias. Los teatros son malísimos, el
amor es pasión desconocida aquí, incluso el hones-
to y a santo fin encaminado [...]. Las mujeres aquí
no coquetean ni miran a la cara, y no lo digo porque no miran en la mía marchita y arrugada, sino
porque hacen lo mismo con mis agregados, que son
guapetes y que venían aquí con muy buenos cue-
ros. [...] Y ciertamente yo no me puedo quejar.
Pues además de que me veo muy considerado por
el cuerpo diplomático de todos los colores y países,
las gentes de aquí se desviven en obsequiarme con
tal cordialidad, cual no la ha experimentado ningún extranjero, y voy a todas partes, y he logrado
introducir en las damas, ya que no otra cosa, la
afición al castellano, y mi moro expósito y mis
romances y comedias andan de mano en mano, y
en algunas casas han tomado maestro de español [121].

Este documento es excepcional porque Rivas no dejó
muchos rastros de su vida privada —salvo las genéricas
alusiones poéticas a conocidos acontecimientos de su
vida— y nos permite comprobar que el donjuanismo rivasiano de que habla Valera —que llegó a Nápoles, como
agregado honorario, el 16 de marzo del 47— no es un
chisme del novelista, el cual, en una carta a Cañete, fechada en la ciudad del Vesubio a 4 de agosto de 1848, le
informa de cómo logró consolarse nuestro poeta. «El Duque de Rivas —escribe— es el mejor de los Jefes posibles,
y dándole conversación me consuelo, y cuando las ocu-
paciones lo permiten paso largo tiempo [...]. Y aunque
no es tan admirable pintor como poeta, pinta sin embargo muy bonitos cuadros, y generalmente mujeres en cue-
ros o poco menos, que copia del natural después de ha-
berlas gozado; y a los retratos de estas Campaspes [122] les

---

121 Boussagol, *Op. cit.,* pp. 471-472.
122 Campaspa o Pancasta fue una cortesana asiática del siglo IV a.C., querida de Alejandro Magno, quien hizo que la
retratase Apeles, el cual cayó enfermo de amor por ella. Ale-

da nombres a su manera, y según le saltan a la imaginación, llamándole a uno la Magdalena, a otro la Melancolía, a otro la Inocencia y así a los demás. / En cuanto a lo que el Duque escribe, quiero que sepas que su fuego poético no se ha apagado con los años...» [123]

En efecto, escribió entre 1844 y 1857 una colección de poesías líricas que, según Valera, pensaba publicar en Madrid. El libro no apareció en vida del poeta, pero muchas de aquellas poesías han sido recogidas en ediciones póstumas. Dice Boussagol que, en las poesías que Rivas escribió en Nápoles, se advierte una difusa influencia de Leopardi; y como quiera que también he podido advertir, y de manera más clara, algunas influencias dantescas, preciso es concluir que la literatura italiana, en conjunto, influyó en esta parte de su producción. Y ello no tiene nada de extraordinario, no sólo si consideramos el ambiente lingüístico y cultural en que le tocó vivir al duque, sino su admiración por el Siglo de Oro español, tan influido por los clásicos italianos. Pero lo más importante de esta poesía es el tono medidativo, sereno y desengañado que por primera vez se advierte en la obra de Rivas, y el hecho de que sus expansiones líricas sean tan espontáneas y directas como las de las poesías de juventud.

La poesía titulada «Desconsuelo» pinta bien, desde sus primeras estrofas, el estado de ánimo de Rivas, a despecho de sus más o menos inocentes esparcimientos napolitanos:

> Por el campo helado y yerto,
> que entre la selva frondosa
> está de la edad briosa,
> y entre el árido desierto
> de la vejez angustiosa,
>   caminando hacia Occidente
> con lento paso avanzaba,
> y abismado meditaba
> en lo que tenía enfrente,
> y en lo que tras mí dejaba.

---

jandro, que no quería ver en peligro la salud de tan gran pintor, se la cedió gentilmente.

[123] Boussagol, *Op. cit.*, p. 474.

En aquel yermo asolado
me ofrecía el pensamiento,
como ráfagas de viento,
recuerdos de lo pasado,
que al alma daban tormento.
Y en sombras vagas también,
cual las inciertas figuras,
que entre las nubes oscuras
de las borrascas se ven,
las ansiedades futuras.

Y recuérdese el final de la titulada «Fantasía nocturna»:

No pude más; herido del espanto,
misericordia, en tanto desconcierto,
pidiéndole al Señor tres veces santo,
a tierra vine como cuerpo muerto,

que es de 1846, y cuyo último verso es la traducción de uno del *Infierno* de Dante.

En 1846 hizo un corto viaje a España con objeto de felicitar a la reina, que acababa de casarse con su primo Fernando de Asís, y a la infanta Luisa Fernanda, que había contraído matrimonio con el duque de Montpensier, pero antes de llegar a su país, se detuvo un mes en Roma, donde fue recibido por el papa Pío IX. «Llegó a Madrid —dice Díaz— en el momento de la caída del ministerio de Istúriz, combatido por la fracción puritana. Y fueron ofrecidas al duque la presidencia del nuevo Gabinete y la cartera de Estado, con gran empeño de que las aceptara. Pero el duque las rehusó con resolución, y dio tan buenas razones para apoyarla, que eludió el compromiso. Y pasando a Sevilla a ver a su familia y trasladarla a Madrid, regresó antes de cumplida la real licencia de que disfrutaba, a su legación de Nápoles» [124], es decir, a continuar su vida de soltero, de la que no era pequeño aliciente el trato con la intelectualidad napolitana. Rivas se había hecho amigo del poeta Campagna y del duque de Ventignano, que también escribía versos, así como del dantista Carlo Troya, autor de un curioso y documentado libro sobre el *veltro* o lebrel de

[124] Pastor Díaz, *Op. cit.*, p. 240.

que habla Dante en el *Infierno* [125], y de otros hombres notables entre los que se contaban los pintores Morani y Smargazzi.

En febrero de 1847, y a pesar de su ausencia, Rivas fue nombrado senador del reino. «El año siguiente —escribe Boussagol— tiene ocasión de intervenir muy felizmente en los asuntos internos de Dos Sicilias, haciendo saber al rey, por mediación de un francés naturalizado, M. Dupont, y de la reina madre, la necesidad, después de la insurrección de Palermo (12 de enero de 1848), de ofrecer al pueblo una constitución y algunas reformas. El decreto real fue fijado en las esquinas de las calles el 29 de enero, y Rivas, durante el curso de un paseo por la ciudad, fue aclamado por la multitud. Pocos días después, al anunciarse la concesión de un código político al reino de Cerdeña, se ve obligado a salir al balcón de la legación para responder, en italiano, a las aclamaciones de los napolitanos» [126]. Dígase lo que se quiera de Rivas, y admitida desde luego su actitud conservadora, es imposible negar que su constitucionalismo y su progresismo liberal fueron una constante de esta última etapa de su vida.

El 11 de febrero, sus servicios fueron premiados por el Gobierno español nombrándole embajador ante la corte de Fernando II de Dos Sicilias. Era lo que le faltaba —después de las demostraciones de popularidad de que acababa de ser objeto— para sentirse en Nápoles como pez en el agua; y llama la atención el excelente estado de ánimo que refleja la larga carta en *terza rima* que escribió a su cuñado, Cueto, el 14 de aquel mismo mes de febrero. Cueto estaba desempeñando un cargo diplomático en Copenhague y le había escrito una carta muy pesimista en el mismo metro en que fue contestada por el duque, el cual le reprocha su poca previsión al no haber elegido, en lugar de una ciudad nórdica, una del sur de Europa como campo de su actividad diplomática, y le cuenta maravillas de Nápoles y sus alrededores y de la vida que hace en aquella ciudad. Al hablarle de las ruinas de Pompeya, escribe:

---

[125] *Del veltro allegorico de' Ghibellini con altre scritture in torno alla Commedia di Dante*, Napoli, 1856.
[126] Boussagol, *Op. cit.*, p. 69.

> Es gran gusto tener uno en sus manos,
> ya un yelmo con su cima y su visera
> de un guerrero de tiempos tan lejanos;
>   ya un antiguo velón o una salsera;
> ya el collar que adornó de una romana
> el torneado cuello y la pechera;
>   ya un bote de arrebol, que falsa grana
> dio de antigua coqueta a la mejilla
> o iluminó a una vieja cortesana.
>   ¿Y el sentarse de un cónsul en la silla?...
> ¿Y de Salustio u otro personaje
> mirar la palangana o la salvilla?...

El gusto por los pequeños detalles, por lo familiar, mezclado al de lo solemne y, cómo no, a lo sensual, definen, en estos pocos versos, mucho de la poética de Rivas. Más adelante, dice al descontento cuñado:

>   Pero ¿qué he de decirte ni contarte?...
> Que aquí estoy cada día más contento
> puedo tan solamente asegurarte.
>   Pues esta gran ciudad es mi elemento,
> y cuatro breves años han corrido
> sin dar a mi madura edad aumento.
>   Aquí no se envejece, y he vivido
> como el pez en el agua, con la suerte
> de ser de altos y bajos aplaudido.

Valera, que como sabemos llegó a Nápoles aquel mismo año, da detalles picantes de la vida que hacía el satisfecho duque. «Recuerdo —escribe— que, siendo embajador en Nápoles, tenía siempre a su mesa, aunque él fuese convidado a otra, a todo el personal de la Embajada, que era numeroso, joven y alborotado. De sobremesa se jugaba, se chillaba, se retozaba por demás, y los muebles del saloncito en que se tomaba el café se rompían o se estropeaban no poco. Una vez, quejándose el duque de aquello, y reprendiendo a sus descomedidos subordinados, les dijo, moviéndolos más que a arrepentimiento y a contrición a risa: "Esto no es Embajada, esto es un cuartel de milicianos nacionales. Lo único que falta es que escriban ustedes con carbón o con almagre en mesas y sillas: ¡Viva Espartero!"» Para el duque no podía imaginarse mayor extremo de mal tono» [127]. También habla el novelista de las intrigas amorosas de Rivas y de su admiración por la pescadora Lucianella, que bailaba ante la embajada y a la que el poeta, y los franciscanos de un convento próximo, contemplaban extasiados, ellos en la calle y el duque desde el balcón de la embajada. Tanto admiraba a esta descalza bailarina plebeya que escribió en su honor tres sonetos. Y es que, como dice nuestro informante, «se olvidaba de lo que era para ser poeta, y no se ponía a filosofar tétricamente con el tétrico poeta napolitano José Campagna» [128], quien, como sabemos, era uno de sus mejores amigos.

Pero una vida tan agradable no iba a durar mucho tiempo. En Italia estalló una revolución nacionalista y Rivas, impresionado por los acontecimientos del año anterior, aconsejó al Gobierno español que enviase un cuerpo de ejército expedicionario en auxilio del Papa. El 30 de mayo, el duque pasaba revista a las tropas españolas, que se encontraban acuarteladas en Gaeta. Hecho esto, volcó, de manera no oficial, todas sus influencias en favor de la conferencia de Gaeta, con objeto de que se restableciese la calma sin derramamiento de sangre, como afortunadamente sucedió.

De vuelta en Nápoles, siguió cultivando la poesía y la pintura. Mientras tanto, el rey Fernando II había concertado el matrimonio del duque de Montemolín, aspirante al trono español, con la princesa Carolina de Nápoles. Rivas hizo todo lo posible por impedir dicha unión y conferenció varias veces con el monarca sin conseguir otra cosa que seguridades de que la proyectada boda no suponía una amenaza contra el trono de Isabel II. En vista de lo cual, y a petición del embajador, el Gobierno español mandó a Nápoles el buque de guerra *Castilla* en el que Rivas, después de despedirse del rey y de la corte, se embarcó rumbo a Barcelona. «La chalupa que le conduce al *Castilla* —escribe Boussagol— es escoltada por una multitud de barcas, y el navío leva el ancla a mediodía en medio de una ovación grandiosa» [129]. Esto ocurrió el 10 de mayo de 1850, y con ello terminó para siempre la estancia del poeta en Nápoles. Llegado a Gae-

[127] Valera, *Op. cit.*, pp. 745-746.
[128] *Op. cit.*, p. 731.
[129] Boussagol, *Op. cit.*, p. 71.

ta, viajó en posta, se entrevistó varias veces con el Papa, que le concedió la gran cruz de la Orden Piana, y se reembarcó en Civitavecchia.

Durante su estancia en Nápoles, Rivas escribió varios artículos, uno de ellos sobre una excursión al Vesubio, y otro sobre la que hizo a las ruinas de Pesto, pero su obra en prosa más importante de aquel período fue la titulada *Sublevación de Nápoles, capitaneada por Masaniello*, para cuya redacción manejó abundante material de archivo. Es una obra objetiva y de muy amena lectura cuyo estudio no es propio de estas páginas, si bien debe decirse que ha sido muy bien juzgada por varios especialistas en estudios históricos. También escribió una *Breve reseña de la historia del reino de las Dos Sicilias*. Y, además de varias de sus más inspiradas poesías líricas, compuso la leyenda titulada «La azucena milagrosa» para corresponder a la atención que había tenido Zorrilla al dedicarle «La azucena silvestre».

Una vez instalado en Madrid, la política dejó de ocupar un lugar importante en la vida del duque, a pesar de su cargo de senador. Es aquélla la época de las veladas literarias en su casa de la Concepción Jerónima, a las que asisten Bretón, García Tassara, Campoamor, Juan Nicasio Gallego, Galiano, Martínez de la Rosa, alguna vez Mérimée, Ochoa, Díaz y otros famosos del romanticismo.

En 1852, el duque hizo un viaje a Francia y Holanda, y fue muy bien recibido por el rey de este último país. Pero la ausencia de España fue corta y el poeta no tardó en volver a su vida habitual de Madrid, ya un tanto ociosa en el buen sentido de la palabra, pues estuvo preparando la edición de sus obras completas que apareció en los años 54 y 55 y compuso las leyendas «El aniversario» y «Maldonado», en las que se muestra, si cabe, más romántico que en el resto de su poesía narrativa. Recuérdese, para comprobarlo, quiénes fueron los asistentes a la misa de que habla la primera de dichas leyendas:

Mas ¡qué concurso! ¡Oh Dios! ¡Concurso helado,
que ni alienta, ni muévese, ni brillo
muestra en los ojos!... Turba de esqueletos...
vivientes de otro siglo.
¡Esqueletos! Envueltos en sudarios
los más; algunos con ropajes ricos

deslustrados y rotos; muchos visten
sayal de San Francisco;
　　varios, armas mohosas y abolladas;
algunos, los más altos distintivos;
y hay de todas edades, sexos, temples,
sin orden confundidos.
… … … … … … … … … … … … … … … … … …

　　No pudo más el santo sacerdote,
una misión horrible había cumplido.
Fue a recoger de su fervor el premio,
y muerto a tierra vino.

Quienes, fundándose en interpretaciones un tanto par-
ciales de su última producción teatral, han insinuado que
Rivas no fue fiel al romanticismo no tendrían más que
leer las leyendas y la importante producción lírica de los
años de Nápoles para convencerse de lo contrario.

Aquel mismo año de 1852, el duque fue elegido académico de la Real de la Historia, y el 24 de abril del siguiente pronunció un discurso de recepción un tanto convencional, pero en el que me parece de sumo interés la afirmación de que «también en las páginas de la Historia se
contempla, se estudia, se comprende cómo la mano invisible de la Providencia encamina al género humano, en
sus distintas razas y en todas las regiones del globo, por
la misma senda, y dejándolo caminar por ella libremente,
y según los impulsos del libre albedrío, lo empuja, benéfica, o lo detiene, justiciera, según marcha hacia el fin
o retrocede del fin a que lo tiene destinado, para sus
miras altas e inescrutables». Es la misma concepción pro-
videncialista de *El moro expósito*, extrapolada en este
caso del campo de la ficción poética al de la realidad
histórica. Por lo demás, es muy curioso que, al hablar
de Cervantes, afirme que «perdió la mano izquierda», en
lugar de haber perdido su uso [130].

Mientras tanto, los asuntos públicos iban de mal en
peor. El descontento por la escandalosa conducta privada
de la reina y las acusaciones de corrupción de que era
objeto el Gobierno provocaron un movimiento de protesta que desembocó, el 30 de junio de 1854, en la vical-
varada. Barcelona, Valladolid y otras importantes ciuda-

---

[130] Conf. *Obras completas*, BAE, vol. III, pp. 366-370.

des se unieron a los insurrectos, cayó el ministerio del conde de San Luis, y el teniente general Fernández de Córdoba fue encargado de formar un nuevo gabinete. El general «convoca a Rivas al palacio real la tarde del 17 de julio y le ofrece una cartera. Rivas la rechaza; pero es obligado por las lágrimas de la reina, y se reserva su nombre para Asuntos Exteriores» [131]. Después de largas negociaciones, y tras haberse decidido que se entregase al duque la cartera de Marina, «Ríos Rosas expuso que Córdoba era demasiado impopular para ocupar la presidencia, y negándose a ocuparla él mismo, insinuó además que este puesto debía ser ocupado por Rivas, extremadamente simpático debido a su amable carácter, muy popular como poeta y que, en política, se había señalado poco para poder excitar rencores» [132].

Rivas, que debía sentir cierta ternura paternal por la reina, no pudo negarse, y el 18 de julio los ministros prestaron juramento ante Isabel. «Inmediatamente, Rivas se preocupa de hacer imprimir y repartir un número de la *Gaceta* que llevaría, con los nombramientos de los nuevos ministros, su programa de tendencias liberales: llamada a los perseguidos, libertad de imprenta, leyes descentralizadoras, etc. Este número es impreso con grandes apuros; no puede ser expuesto ni leído, porque el pueblo enfurecido lo hace pedazos» [133]. Se levantan barricadas en las calles de Madrid, los paisanos se enfrentan a los militares y éstos disparan metralla con los cañones. En provincias, nadie apoya al nuevo Gobierno, y la reina se ve obligada a llamar a Espartero. El día 20, el duque tiene que refugiarse en la embajada de Francia. La última actuación política de Rivas no pudo desarrollarse en un ambiente más desfavorable, y su desenlace debió de mortificarle en extremo, dada la opinión que tenía de Espartero. Aquel mismo año publicó el poeta sus tres leyendas, la primera de las cuales había sido escrita en Nápoles. El escritor se refugió de nuevo en sus libros y en sus tertulias, decidido a no dejarse arrastrar, en adelante, a la política.

El 13 de julio de 1856 cayó Espartero, que había pro-

[131] Boussagol, *Op. cit.*, pp. 78-79.
[132] *Ibídem.*
[133] *Ibídem.*

curado gobernar inspirándose en los mismos principios liberales de la *Gaceta* mandada imprimir por Rivas, y al día siguiente le sucedió O'Donnell, pero el 12 de octubre la reina encargó al general Narváez de formar un nuevo gabinete.

Rivas permaneció al margen de los acontecimientos, pero apoyó moralmente al nuevo Gobierno, el cual le nombró, en junio de 1857, embajador en París. El poeta viajó esta vez con su familia, y presentó sus cartas credenciales a Napoleón III el día 3 de agosto. Amigo de la emperatriz Eugenia de Montijo desde hacía tiempo, el nuevo embajador no tardó en convertirse en una de las figuras más queridas y respetadas de la corte francesa. Conoció a Dumas hijo y a otros escritores, y la *Revue des Deux Mondes* publicó en su número de agosto de 1857 una versión libre de *El desengaño en un sueño*, obra que también tradujo por entonces Gabriel Hugelmann. Pero su segunda y última misión diplomática duró poco tiempo. Caído el ministerio Istúriz, Rivas presentó su dimisión, por despacho telegráfico, el día 1 de julio de 1858. El 25 cesó en sus funciones, y no tardó en volver a Madrid.

La salud de Rivas empieza a resentirse. Su carrera de escritor llega a su fin. En 1860 pronunciará un discurso en la Academia Española, con motivo de la recepción de Cándido Nocedal, en el que se dirá «Afligido hace cinco meses por una penosísima enfermedad nerviosa, que últimamente se complicó, no sin peligro de mi vida, con otra de más cuidado y transcendencia». En este discurso, que versa sobre «La importancia de la novela», se manifiesta un hombre asustado por la marcha de los acontecimientos públicos, por la nueva moral, por el socialismo y por los excesos a que los principios democráticos han conducido a las masas. Quien se olvidase de su trayectoria política, y de los principios liberales que mantuvo públicamente hasta los días de su efímera presidencia del Gobierno, le tendría, leyendo este discurso, por un reaccionario. Pero, en realidad, lo que le asustaba de los principios socialistas y democráticos es que, en 1848, «estallaron, como la lava de los volcanes» y conmovieron a todos los tronos de Europa. Y Rivas era, por tradición, por educación y por convencimiento, un partidario de la monarquía. El duque defendió en esta ocasión no a los novelistas revolucionarios, sino a los románticos que, como Saint Pierre, Walter Scott, Chateaubriand y otros han defendido los buenos principios, «el verdadero amor a la humanidad», y tiene un elogio para la ultraconservadora Fernán Caballero, que en aquellos años estaba restaurando, a pesar de sus limitaciones estéticas, la novela española [134].

También en 1860 pronunció un discurso en su Córdoba natal, como presidente de unos juegos florales, y colaboró en el *Romancero de la guerra de África* con una composición mediocre que, por enfermedad del duque, tuvo que terminar su amigo el marqués de Molíns, editor de la obra.

Los últimos años de su vida proporcionaron algunas satisfacciones a aquel hombre de mundo que se veía obligado a una casi completa inacción. El 20 de febrero de 1862 fue nombrado director de la Real Academia Española, cargo que desempeñó hasta el día de su muerte. En marzo del 63, Verdi viajó a España para poner en escena *La forza del destino*, ópera basada en el *Don Álvaro*. ¿Lo supo el duque, se entrevistó con el músico, asistió a la representación? Es algo sobre lo que no he podido obtener noticias. Por fin, y como culminación de tantos honores, fue presidente del Consejo de Estado del 2 de noviembre de 1863 al 20 de noviembre de 1864, y el 21 la reina le impuso el Collar de la Orden del Toisón de Oro. Rivas le dijo a Isabel que aquel honor le hacía el efecto de los manjares que se conceden a un enfermo caprichoso desahuciado por los médicos. En efecto, Ángel de Saavedra murió en Madrid el 22 de junio de 1865, dejando menos fortuna que la que había heredado. Quiso que le enterrasen, y así se hizo, con humildad y sin pompa alguna. El *Museo Universal* del mes de septiembre dijo que Rivas fue llorado, a su muerte, como la más auténtica encarnación del genio nacional español.

Ángel de Saavedra era, según un pasaporte que le fue expedido cuando tenía cuarenta y tres años, de talla alta, pelo negro, ojos negros, nariz larga y rostro ovalado. Según Valera, fue «chistosísimo en la conversación, lleno de gracia y de viveza andaluzas, e incomparable contador de cuentos», «nadie era más optimista que él ni veía el

---

[134] Conf. *Obras completas*, BAE, vol. III, pp. 370-375.

mundo más de color de rosa»[135]. «En sus tiempos mejores, se tenía a gala, y fue moda, presumir de ignorante; aparentar que nada se había estudiado. El duque tuvo la manía, graciosa en él, de seguir esta moda; pero harto descubría su cultura, sus variados conocimientos y la sólida base de humanidades con que se había educado en el Seminario de Nobles.» «El duque —sigue diciendo Valera— era afabilísimo y bueno. Ya era viejo cuando estuve yo con él de agregado en la embajada de Nápoles, pero se diría que estaba dotado de perenne juventud, tan constante era su buen humor y tan festivo su carácter»[136].

En 1846, Ferrer del Río da el siguiente juicio del carácter y las ideas de Rivas: «Don Ángel de Saavedra dista mucho de ser en política un lince: su condición es flexible y de blanda cera, y en su alma se han impreso todas las sensaciones por el solo influjo del entusiasmo, cual se imprimen las imágenes por la sola acción de la luz en el moderno daguerrotipo. Tiempos hubo en que no descendía a indagar la causa de los públicos trastornos: si al estallar un levantamiento se hallaba entre las masas, tal vez se unía a sus exigencias, imaginando que la razón estaba de su parte; si lejos del tumulto se le citaba a una junta con intento de refrenarlo, emitía su voto en igual sentido que la mayoría de los vocales»[137]. Si la vida y la obra de Rivas demuestran que tuvo un carácter impresionable y sin doblez, ni fue tan poco experto político como dice Ferrer del Río, ni sus ideas eran tan inconsistentes como afirma. Quien haya leído sin prejuicios las páginas de este libro habrá de admitir, la apruebe o no, que la evolución ideológica del duque no obedeció a impulsos pasajeros ni a un carácter tan impresionable que le impidiera calibrar, con más o menos acierto, los hechos y las circunstancias en que se producían.

Aunque Ángel de Saavedra escribió una tragedia tan importante y tan significativa como *Don Álvaro*, y aunque en sus demás obras dramáticas haya mucho que alabar, no fue fundamentalmente un hombre de teatro, sino uno

---

[135] Valera, *Op. cit.*, p. 745.

[136] Conf. *Op. cit.*, pp. 752-753.

[137] A. Ferrer del Río, «Excmo. Sr. Duque de Rivas», en *Galería de la literatura española*, Madrid, 1846, p. 101.

de los mejores cultivadores de la poesía narrativa, si no, acaso, el mejor, de nuestras letras contemporáneas. Sus méritos en el cultivo de los dos géneros aludidos han oscurecido, injustamente a mi parecer, los que hicieron de él un original e importante poeta lírico del romanticismo español.

Nota.—Agradezco al Recinto Universitario de Mayagüez la ayuda que me ha concedido para escribir este libro.

SELECCIÓN DE
POESÍAS LÍRICAS

CANTILENA

Volvámonos, ¡oh Lesbia!,
volvámonos al campo,
lejos de mí la corte,
lejos de mí cuidados.
Deja a los ambiciosos
en pos de honores vanos
con fatigoso aliento
correr desalentados,
que vale más mi chozo,
de paja fabricado,
que los labrados techos
de los grandes palacios.
Ellos con su soberbia
las nubes taladrando,
si insultan a los cielos
temen de cerca al rayo;
mi chozo en tanto, humilde
en su humildad fiando,
no teme a la tormenta,
que de él nadie hace caso,
pues entre duras rocas
y en mares alterados
peligran más las naves
que los pequeños barcos.
Dejemos el bullicio
de corte y cortesanos:

que aquí todo es zozobra
y todo sobresalto.
Volvámonos, ¡oh Lesbia!,
volvámonos al campo.

ROMANCE

Con once heridas mortales,
hecha pedazos la espada,
el caballo sin aliento
y perdida la batalla,

manchado de sangre y polvo,
en noche oscura y nublada,
en Antígola vencido
y deshecha mi esperanza,

casi en brazos de la muerte
el laso potro aguijaba
sobre cadáveres yertos
y armaduras destrozadas.

Y por una oculta senda
que el cielo me deparara,
entre sustos y congojas,
llegar logré a Villacañas.

La hermosísima Filena,
de mi desastre apiadada,
me ofreció su hogar, su lecho
y consuelo a mis desgracias.

Registróme las heridas
y, con manos delicadas,
me limpió el polvo y la sangre
que en negro raudal manaban.

Curábame las heridas
y mayores me las daba;
curábame las del cuerpo,
me las causaba en el alma.

l Duque de Rivas
o la fuerza del sino

Detalle del autorretrato del Duque de Rivas con su familia durante
el destierro en la isla de Malta.

Yo, no pudiendo sufrir
el fuego que me abrasaba,
díjele: «Hermosa Filena,
basta de curarme, basta.

»Más crueles son tus ojos
que las polonesas lanzas:
ellas hirieron mi cuerpo
y ellos el alma me abrasan.

»Tuve contra Marte aliento
en las sangrientas batallas,
y contra el rapaz Cupido
el aliento ahora me falta.

»Deja esa cura, Filena,
déjala, que más me agrava;
deja la cura del cuerpo,
atiende a curarme el alma.»

En el hospital de Baza, 1809.

SONETO

El oponer mi pecho no me asusta
del preñado metal al ronco estruendo,
que entre dudosa lumbre y humo horrendo
el golpe lanza de la parca injusta.
No me amedrenta, no, la faz adusta
del duro cautiverio, ni estar viendo
las encrespadas olas combatiendo
el corvo lado de mi frágil fusta.
No temo de la nube bramadora
el rudo trueno y rayo relumbroso
que vibra la alta diestra vengadora.
Sólo me deja yerto y temeroso
el ver al dueño a quien mi pecho adora
siempre enojado, siempre desdeñoso.

1810.

LA BORRASCA, A LAUSO
(Oda)

¡Ay, cuál el turbio mar hierve espumoso
y estas peñas altísimas quebranta
y se entumece hinchado, y se levanta,
compelido del ábrego silboso!
¡Cuál su furor espanta!

Bramando viene el huracán sañudo,
y las cóncavas grutas espantosas
retumban a lo lejos temerosas
al hórrido fragor del trueno rudo,
y gimen congojosas.

La negra nube enluta el alto cielo;
y el súbito relámpago encendido,
y el rayo por los aires desprendido
llenan de asombro y de pavor el suelo,
pasmado y confundido.

¿Y sacas, pobre Lauso, tu barquilla?...
¿No ves del mar el sordo movimiento?
¿No oyes gemir el animoso viento?
Vuelve, mísero, vuélvete a la orilla:
muda, muda de intento.

Vuelve, infelice, vuelve a la ribera...
¿Qué intentas, ay, sin esperanza alguna?
¿Cuando a besar la planta de la luna
sube con ronco hervor la espuma fiera
quieres tener fortuna?

Mira estas playas, mira estas arenas
cubiertas de vestigios de altas naves,
De gruesos troncos y de leños graves,
de quebrantados mástiles y entenas,
y de robustos trabes.

Guarte, mi Lauso, guarte, que las olas
destrozarán tu leño miserable.
Advierte que su furia inexorable
no respeta de regias banderolas
el orgullo indomable.

1817.

De *POESÍAS*
(Madrid, 1820)

A OLIMPIA

Oye afable, hermosa Olimpia,
de mi lira los acentos,
y a tu ternura recuerden
que tu amor vive en mi pecho.

Éstas son, ay, las canciones,
los afortunados versos,
que el Tajo y el Manzanares
en sus jardines oyeron:

cuando junto a ti, dichoso,
en llama feliz ardiendo,
sólo anhelando agradarte,
mi labio los daba al viento.

Si algo valen, dulce Olimpia,
es porque resuena en ellos
tu nombre, y porque lograron
serte gratos aquel tiempo.

Benigna acógelos: oye
cuál te están siempre diciendo
que tú sola eres mi encanto,
que en mí tu amor será eterno.

Y si el destino sañudo
de ti me aparta violento,

robándome tus caricias,
dejándome llanto y duelo,

ora los climas helados
alumbren tus ojos bellos,
ora a la zona abrasada
dé vida tu blando aliento,

recuérdente mis afanes,
tu amor, mi delirio ciego,
mi constancia, tu ternura,
mi dicha y tus juramentos,

y aquellos veloces días,
de encanto y delicias llenos,
en que las floridas selvas
arder nuestras almas vieron

y escucharon silenciosas
cómo tu labio de fuego
me ofreció constancia eterna,
triunfadora de los tiempos.

¡Ay!, si tanto consiguieran,
¡ilusiones de consuelo!,
que al despertar en tu mente
de nuestro amor los recuerdos,

se humedecieran tus ojos
y palpitara tu seno
y lanzaras un suspiro
de mi fe constante en premio...

Entonces, ¡ah!, no trocara
estos mis humildes versos
por los laureles de Taso
ni por las glorias de Homero.

1819.

ROMANCE A OLIMPIA

¿Ves, Olimpia encantadora,
cuán amorosas las yedras

enlazan los recios troncos
que Tajo apacible riega?

Pues del tiempo el curso airado
no rompe unión tan estrecha;
antes, con vínculos nuevos,
más la afirma y encadena.

En mis inocentes años,
cuando mis contentos eran
correr tras las mariposas
por esta risueña vega,

deshojar las rosas lindas
que esmaltaban sus florestas
y hacer casitas y torres
con este barro y arena,

ya vi estos troncos vestidos
de las mismas fieles yedras,
aunque tal vez más lozanas,
no en unión menos estrecha.

¡Cuántos mayos han pasado
desde aquel tiempo! Contempla
cuántos sucesos diversos,
cuáles trastornos y guerras.

Fuentes que vi engalanadas
de claros raudales llenas,
míralas rotas y hundidas,
y abandonadas y secas.

Los edificios soberbios
que honraban estas riberas
yacen en tristes ruïnas
que de espanto el pecho llenan,

¡y qué de altivos colosos,
que tocaban las estrellas,
fugaces desparecieron
como la delgada niebla!

El curso de pocos años
¡cuál ha mudado esta tierra!

Joven soy, mas yo la he visto
de lo que hoy es bien diversa.

¿Y sólo el amor subsiste
que enlazó estas alamedas
con los venturosos nudos
que tan firmes se conservan?...

Lo que eterno parecía
deshízose con presteza,
y sólo duran los troncos
abrazados de las yedras.

Y si alguno se ha secado,
no le abandonaron ellas;
y si hay alguna marchita,
ellos, firmes, la sustentan,

como diciendo a la muerte:
No tememos tu crudeza,
que mientras el uno exista,
los lazos seguros quedan.

¡Ay!, ejemplo de los nuestros,
oh mi Olimpia, siempre sean:
y, así unidas, nuestras almas
vivan edades eternas.

Aranjuez, 1819.

ROMANCE A OLIMPIA

¿Qué importa, adorada Olimpia,
que la suerte nos arranque
de las riberas del Tajo
y nos lleve a Manzanares?

¿Qué importa mudar de sitio
en tanto que no se aparten
nuestros tiernos corazones,
nuestras firmes voluntades?

No las flores matizadas
que en estas orillas nacen,
dando contento a los ojos,
dando fragancia a los aires,

no las frescas alamedas
que se elevan arrogantes,
pobladas sus verdes cimas
de canoras dulces aves,

no de Tajo delicioso
los apacibles raudales,
no los pintados vergeles
que adornan su rica margen,

causan el dulce contento,
forman el gozo envidiable,
que se anida en nuestras almas
sencillas, tiernas y amantes.

Do quiera, adorada Olimpia,
que el destino nos arrastre,
allí seremos dichosos
mientras amor nos enlace.

Goce yo la pura lumbre
de tus ojos divinales,
goce ver tu hermoso seno
siempre por mí palpitante,

oiga a tus ardientes labios
decirme amores süaves,
suspirar celosas quejas,
constancia eterna jurarme,

y más que el hado enemigo
furioso nos arrebate
a las arenas de Libia
o a las nieves de los Andes.

1819.

SONETO

Mísero leño, destrozado y roto,
que en la arenosa playa escarmentado
yaces, del marinero abandonado,
despojo vil del ábrego y del noto,

¡cuánto mejor estabas en el soto,
de aves y ramas y verdor poblado,
antes que, envanecido y deslumbrado,
fueras del mundo al término remoto!

Perdiste la pomposa lozanía,
la dulce paz de la floresta umbrosa
donde burlabas los sonoros vientos:

¿Qué tu orgulloso afán se prometía?
¿También burlarlos en la mar furiosa?
He aquí el fruto de altivos pensamientos.

SONETO

Oh amiga noche, oh noche deliciosa,
dulce madre del sueño regalado:
tu manto de diamantes tachonado
descoge por el aura vagarosa.

Esparce tu cabello silenciosa,
de beleño balsámico empapado,
y descienda Titán al mar sagrado,
que su fulgente luz me es enojosa.

Su lumbre anhele con cansado empeño
el que la vida de los vientos fía
o el que sigue de Marte el torvo ceño,

que a mí no puede serme grato el día,
pues sólo las caricias de mi dueño
gozo a favor de tu tiniebla fría.

SONETO

Gallardo alzaba la pomposa frente,
yedras y antiguas parras tremolando,
el álamo de Alcides, despreciando
la parda nube, y trueno y rayo ardiente,

cuando de la alta sierra de repente
desprendido huracán bajó silbando
que, el ancho troncho por el pie tronchando,
lo arrebató en su rápida corriente.
 Ejemplo sea del mortal, que, vano,
se alza orgulloso hasta tocar la luna
y se juzga seguro en su altiveza:
 cuando esté más soberbio y más ufano,
vendrá un contrario soplo de fortuna,
y adiós oro, poder, favor, grandeza.

1808.

SONETO

Ojos divinos, luz del alma mía,
por la primera vez os vi enojados,
¡y antes viera los cielos desplomados
o abierta ante mis pies la tierra fría!
 Tened, ay, compasión de la agonía
en que están mis sentidos sepultados
al veros centelleantes e indignados
mirarme, ardiendo con fiereza impía.
 Ay, perdonad si os agravié; perderos
temí tal vez, y con mi ruego y llanto,
más que obligaros, conseguí ofenderos:
 tened, tened piedad de mi quebranto,
que si tornáis a fulminarme fieros
me hundiréis en los reinos del espanto.

1812.

SONETO

Por más que el Noto silbador pelea
con el añoso roble, que eminente
alza en la selva la pomposa frente,
vana es la fuerza que en troncharlo emplea.
 Por más que el mar horrísono blanquea,
contrastando la roca permanente,
su inmoble resistir firme y valiente
muestra cuán vano el combatirla sea.

Así, al suspiro de mi ardiente boca,
miro a mi Aspasia en roble convertida
y a mi llorar en inmutable roca;
    y antes acabará mi triste vida
la desesperación que en mí provoca
que logre verla a mi pasión rendida.

1819.

SONETO

    ¡Ay, que de vuestro labio purpurino
aterrado escuché, temblante y mudo,
que iba a romperse para siempre el nudo
con que mis dichas enlazó el destino!
    Antes, hendiendo el aire cristalino,
descienda tronador el rayo agudo
sobre mi frente mísera y, sañudo,
me confunda en humoso remolino.
    ¿Y qué, Olimpia cruel, has olvidado
mi amor, tus juramentos?... ¡Fiera suerte!
¿Y tú los romperás con brazo airado?...
    ¿Por qué antes de mirarte y de quererte
al hondo sueño del sepulcro helado
no me arrastró la compasiva muerte?

1819.

ELEGÍA

    Noche terrible y tenebrosa, ¿dónde
la pura luz que encanta al alma mía
de mis ojos tristísimos se esconde?
    ¿Dó están, ay, mi consuelo y mi alegría?
¿Dó mi Olimpia cruel, que así me deja
en hondo afán, en mísera agonía?
    Cuando el carro del sol huye y se aleja
a los desiertos mares espumosos,
acude grata a mi amorosa queja,
    y ya en sus altos cercos vagarosos
las pálidas estrellas resplandecen,
resaltan los luceros relumbrosos,

y mis ojos con llanto se oscurecen
porque no encuentran a su dueño amado
y en triste sombra, ¡ay míseros!, perecen.

¿En dónde estás, mi bien? Desatentado
corro en tu busca con dudosa planta,
y torno y no te encuentro, desdichado.

¿Quién te roba a mi amor con fuerza tanta
que a arrancarme no vienes, compasiva,
el áspero dogal de la garganta?

¿Tal vez, tal vez la saña vengativa
de algún duro tirano te detiene
y que consueles mi afanar te priva?

¿Tal vez me has olvidado, y te entretiene
alguno más dichoso?... ¡Oh Dios! Perdona:
siempre el tierno amador recelos tiene.

Noche, noche terrible, tu corona
de altas estrellas hunde en Oceano,
y contigo el horror que me aprisiona,

y brille en el Oriente el soberano
resplandor de Titán, y su luz pura
rompa de mis sospechas el arcano:

y vuelva yo a gozar de la hermosura
de mi Olimpia adorada, y su terneza
compense mi aflicción y mi amargura.

Vuela, oh noche fatal, y con presteza
llévate mi tormento y mis temores
y de mis crudos hados la aspereza.

Y a ti, sueño apacible, de tus flores
una guirnalda tejeré olorosa
si templas mis cuidados roedores.

Ven, ay, ven a mi ruego. Presurosa
huirá la noche en viéndome en tus brazos,
y calmarás mi angustia congojosa.

Tú sabes dulce apresurar los plazos
de penas y dolores: ven callado
y envuélveme amoroso entre tus lazos.

Mas, ay, que huyes también apresurado
y te alejas de mí con raudo vuelo,
de mis ásperas penas asustado.

Y la noche reacia enluta el cielo
y retarda cruel su paso mudo,
como si se gozara en mi desvelo.

Volad, horas terribles... ¡Oh sañudo
furor del Hado!... Noche perezosa,
jamás cual hoy sentí tu rigor crudo.
   Ya me asaltó tu sombra temerosa
en medio de las ondas de Oceano,
en tempestad horrísona y fragosa,
   y desprecié la furia del mar cano
y el ronco son del desatado Noto
y el negro aspecto del escollo insano.
   Y vi tranquilo al tímido piloto
pálido alzar al alto firmamento
temblantes manos y ferviente voto.
   También tendiste por el vago viento
tus negras alas y tu sombra triste
con silencioso y presto movimiento,
   y entre yertos cadáveres me viste
herido, y combatir la muerte fiera,
y pavor a mi pecho no impusiste,
   y pasé de tu plazo la carrera
entre confusa plebe amotinada
del aurífero Tajo en la ribera.
   Y la pasé con planta fatigada,
solo, descaminado, perseguido,
huyendo del poder la fuerza airada.
   Mas nunca, oh Noche, tan tremenda has sido
para mi corazón, nunca tan lenta,
para darme tormento, has discurrido.
   ¡Ah!, que ya al escuchar cuál se lamenta
mi espíritu abatido se enternece
y recoge sus sombras y se ausenta.
   Sí, ya el rosado Oriente se esclarece
y la primera luz del nuevo día
a mis cansados ojos resplandece.
   Saca tu blanca faz, Aurora fría,
y muéstrame dó está mi Olimpia hermosa,
y consuela risueña el ansia mía.
   Mas si la airada suerte rigorosa
de su luz para siempre me ha privado,
no ostentes, no, la tuya esplendorosa,
déjame en noche eterna sepultado.

1819.

EL DESTERRADO
(Fragmentos)

... ...

¡Oh patria! ¡Ingràta patria!... Tú me arrojas
con furor espantoso de tu seno,
premiando así mi amor. Yo con mi sangre
torné las mieses de tus campos rojas
y salpiqué con ella tu terreno,
tu independencia y gloria sustentando.
Yo combatí constante contra el bando
del fanatismo bárbaro y sañudo,
y mi labio, aunque humilde, tal vez pudo,
tu libertad preciosa defendiendo,
hacer temblar el despotismo horrendo.
Plegue al destino que, risueño, un día
torne a brillar en que tu oprobio veas
y libre y grande y venturosa seas,
mientras yo, errante, tu ignominia lloro
y huyendo, ay Dios, de ti, tu nombre adoro.

Para siempre, tal vez para siempre
hoy te pierdo, oh mi patria querida!,
y a arrastrar voy la mísera vida
en destierro espantoso y cruel.
Por piedad, por piedad, raudo viento,
de tu soplo modera la saña
que me aleja, feroz, de mi España,
impeliendo el velero bajel.

ROMANCES

HISTÓRICOS

DE

D. Angel de Saavedra,

DUQUE DE RIVAS.

MADRID 1841:
IMPRENTA DE D. VICENTE DE LALAMA,
Calle de las Huertas, núm. 8.

Primera edición de los Romances históricos (Colección de M. Aragón).

   Calma, pues, por lo menos, piadoso,
mientras tienda la noche su velo,
hasta que ardan las nubes del cielo
con los rayos del próximo sol.
   Pueda entonces tornar anheloso,
aunque sea en confuso horizonte,
a mirar de mi patria algún monte,
aún a ver el terreno español.

Mas no; redobla tu furor violento
y de esas playas de terror y espanto
aléjame piadoso, raudo viento.
No las torne yo a ver. Ni sobre ellas
vuelva a lucir Titán. Lóbrego manto
de noche atroz envuelva eternamente
ese suelo de horror, y no lo alumbre
más que la opaca lumbre
de rayos y de pálidas centellas
que aborte negra tempestad rugiente.
No es ya mi patria, no... ¡Patria!... No existe
donde sólo hay opresos y opresores.

... ...

¿Quedan aún buenos?... Vedlos, fugitivos
por yermos y por ásperas montañas,
no hallar ni en las cabañas
asilo, humanidad. Vedlos gimiendo
en bárbaras cadenas
o entre espantosas penas
en infame patíbulo muriendo,
sin que nadie reclame la venganza.
¡Oh vil degradación!... No hay esperanza,
reparación no hay ya. No; el despotismo
su huella destructora ufano imprime
desde Calpe hasta el agrio Pirineo,
y hunde el nombre español en el abismo
y es de los fieros déspotas recreo
ver cual la Humanidad desmaya y gime.

... ...

El Austro abrasador sople ardoroso,
yermando las campiñas y llanuras

y sus cosechas destruyendo opimas,
del hambre y de la peste asoladoras
seguido por doquier. Brame furioso
el huracán en las enhiestas cimas
y arrastre antiguas selvas y espesuras,
y hasta los brutos que en sus senos pacen.
Y el Betis, y el Ibero, y cuantos nacen
de claras fuentes y la España riegan,
y su suelo infelice fecundizan
y de flores lo visten y matizan,
ríos y arroyos bienhechores, sean
en sangre convertidos. Sus raudales
olas de sangre al mar lleven bramando,
las márgenes tornando
desiertos y espantosos arenales.

... ...

Hasta que, horrorizada,
sus leyes interrumpa
Naturaleza, se estremezca y rompa
la base de diamante
do estriba de Pirene la gran sierra,
que del golfo Tirreno al mar de Atlante
los brazos tiende, y cual en tiempo antiguo
a la infeliz Atlántida, hunda a España
en los senos del mar con cuanto encierra,
quedando sólo escollos y bajíos
do estrelle el ronco mar su hirviente saña
y de que huyan medrosos los navíos.

Tiranos, invasores
y pueblos degradados
no existan; sepultados
se miren en la mar.
Y en ella se confunda
el mísero terreno
de iniquidades lleno,
de reptiles vivar.

... ...

¡Basta, basta!... ¡Qué horror!... ¿Mi labio pudo...?
¿Por qué furia infernal emponzoñado...?

¿Y no se abre la mar, la nave se hunde,
y a mí, monstruo infeliz, traga y confunde?
¡Patria!... ¡Patria!... Perdón, ¡patria!... ¡Adorado
nombre!... ¿Y pude un momento yo insensible
ser a tu encanto celestial?... Mi pena
¡a qué hondo precipicio y sima horrible
me llegó a conducir!... ¡Desventurado!
¡Patria! ¡España infeliz! ¡Amada España!
La sencillez de tus incautos hijos,
no su degradación, causó tus males;
y pérfido traidores,
y tiranos, y aleves extranjeros,
que uniendo contra ti su astucia y saña
tu libertad naciente te robaron,
y tu nombre y tu gloria mancillaron.

Mas tiemblen, que sus triunfos pasajeros
serán: aún no te faltan vengadores.
Y ¡ay de los cazadores
cuando el león que ataron con injuria
ruja, y ardiendo en poderosa furia,
rompa los gruesos nudos opresores
que sus miembros fortísimos ligaran
porque hundido en la fiebre lo encontraran!

... ...

Pise otra vez tu suelo, patria amada,
libre, rico, feliz, independiente,
y aunque para mí yermo, sin amores,
deudos ni amigos, sus sepulcros pueda
visitar y regar con llanto y flores.
Y en la natal ribera
(tal vez, ¡oh Dios!, entonces, cuán mudada
a impulso de los años voladores)
por do Guadalquivir manso camina,
a la luz silenciosa de Lucina [1],
que resbala por plácidos alcores
y en la riza corriente reverbera,
logre yo al aura dar la vez postrera
mis últimas canciones

---

[1] Error del poeta. Lucina no es la luna, sino la diosa romana de los partos.

al son del arpa de marfil; oyendo
a mi labio cantar, patria, tu gloria
los hombres que aún no son. Y maldiciendo
con ellos la execrable atroz memoria
de tus hijos indignos y traidores,
que ya no existirán, de los tiranos
que ahora te ligan las robustas manos
y de los extranjeros invasores,
romperé el arpa y moriré dichoso
bajando a hallar el eternal reposo
al lado de mis ínclitos mayores.

Bella Hesperia, patria mía,
embriagado en la esperanza
de que has de tener venganza,
mis pesares templaré.
Llegue el suspirado día,
mírete yo venturosa,
libre, triunfante y gloriosa,
y contento moriré.

A bordo del paquebote inglés Francis
Freeling, *en mayo de 1824, al salir de
la bahía de Gibraltar con rumbo al
Oeste, al ponerse el sol.*

ODA

Por las desiertas olas
en extraño bajel, ¡tristes!, huyendo
de las amadas playas españolas
y del hado tremendo
íbamos, desdichados,
en lágrimas y en penas anegados.

El sol en Occidente
su vividora lumbre sumergía,
blando soplaba el amoroso ambiente,
y apacible dormía
la mar serena y pura:
no así, ¡oh Dios!, nuestros pechos sin ventura,

cuando los marineros,
de los amargos ayes y gemidos
que dábamos al aura lastimeros
tal vez compadecidos,
consolarnos querían
y extranjeras palabras nos decían;

y luego un laúd sonoro
con amorosa muestra nos trajeron,
y que, formando concertado coro,
cantáramos, pidieron,
tus himnos, Patria mía,
dulces y alegres cuando Dios quería.

Pero, creciendo entonces
nuestras penas, el lloro redoblamos,
y tal dolor que a conmover los bronces
bastara, demostramos;
y ayes profundos dimos
y entre largos sollozos respondimos:

«¿Cómo queréis que acierte
alguno de nosotros con el canto,
si nos condena la tremenda suerte
a sempiterno llanto?
Y, cuando no tenemos
Patria, ¿sus himnos entonar podremos?

»La sin ventura España
yace en horrenda esclavitud sumida,
de odiosos extranjeros a la saña
negramente vendida
y presa de un tirano
que la destroza y que la oprime insano.

»Y el canto de victoria
con que su libertad y heroicos hechos
celebrábamos, ¡ay!, su nombre y gloria,
¿saldrá de nuestros pechos
cuando el destino airado
libertad, nombre y gloria le ha robado?»

¡Patria infelice mía!,
si mientras gimes de tiranos presa

puedo olvidar tus males sólo un día,
y en él mi llanto cesa,
jamás logre el consuelo
de volver a mirar tu amado suelo.

Y si en región extraña
profanare mi labio las canciones
con que tu libertad, mísera España,
del sur a los Tríones
celebré en mejor hado,
tronador me fulmine el cielo airado.

Dolor y llanto y luto
es ya por siempre nuestra amarga suerte
y, sin Patria y sin deudos, el tributo
daremos a la muerte,
siendo de ella despojos,
sin tener, ¡ay!, quien cierre nuestros ojos.

Gran Dios, que sabio riges
los orbes y, con mano omnipotente,
cuanto criaste próvido diriges:
¿No ves al inocente
perseguido, aherrojado,
y triunfante al inicuo y al malvado?

¡Ah!, compasivo mira
a la infelice Hesperia, y justiciero
tiende tremendo el brazo de tu ira
sobre ese bando fiero
que tuyo, ¡oh horror!, se llama
y tu grandeza y tu bondad difama.

El rayo lanza y truena
contra los que profanan tu alto nombre
así, y con él se escudan, y en cadena
y error tienen al hombre,
por ti libre formado,
y de razón por tu bondad dotado.

¡Ay!, para bien del mundo,
déspotas e impostores, Señor, hunde
para siempre jamás en el profundo,
y a la opresión confunde:

tendrán los hombres luego
clara luz, larga paz, dulce sosiego.

Será: y ¡oh, venturosos
los que entonces, sirviendo a tu venganza,
de hipócritas, falaces y ambiciosos
comiencen la matanza
y enrojezcan sus manos
con sangre vil de pérfidos tiranos!

A LAS ESTRELLAS

¡Oh refulgentes astros, cuya lumbre
el manto oscuro de la noche esmalta,
y que en los altos cercos silenciosos
    giráis mudos y eternos;
y oh tú, lánguida luna, que argentada
las tinieblas presides, y los mares
mueves a tu placer, y ahora apacible
    señoreas el cielo!
¡Ay, cuántas veces, ay, para mí gratas,
vuestro esplendor sagrado ha embellecido
dulces felices horas de mi vida
    que a no tornar volaron!
¡Cuántas veces los pálidos reflejos
de vuestros claros rostros derramados
húmedos resbalar por las colinas
    vi apacibles del Betis;
y en su puro cristal vuestra belleza
reverberar con cándidos fulgores
admiré al lado de mi prenda amada
    más que vosotros bella!
Ahora, al brillar en las salobres ondas,
mísero y solo, prófugo y errante,
de todo bien me contempláis desnudo,
    y a compasión os muevo.
¡Ay! Ahora mismo vuestras luces claras,
que el mar repite y reverente adoro,
se derraman también sobre el retiro
    donde mi bien me llora.
Tal vez en este instante sus divinos
ojos clava en vosotros, ¡oh lucientes

astros!, y os pide con lloroso ruego
    que no alteréis los mares.
Y el trémulo esplendor de vuestras lumbres
en las preciosas lágrimas rïela
que esmaltan, ay, sus pálidas mejillas
    y más bella la tornan.

En el mar, 1824.

EL SUEÑO DEL PROSCRITO

¡Oh sueño delicioso
que hace un momento tan feliz me hacías!,
¿huyes y me abandonas inclemente
y en el mar borrascoso
tornas a hundirme de las ansias mías?...
¡Ay!... Los fugaces cuadros que mi mente
ha un instante en tus brazos contemplaba,
los juzgué realidad, y mis pesares
y mi destino bárbaro olvidaba;
y ¿todo fue ilusión?... Vuelve halagüeño,
vuelve, ¡oh consolador, oh dulce sueño!

    Por tu mágico influjo llevado,
    yo me he visto en mi patria adorada,
    no de sangre y de llanto inundada,
    no cubierta de llanto y horror,
      sino libre, triunfante, felice,
    como un tiempo que huyó presuro
    cual celaje risueño y hermoso
    al soplar huracán bramador.

    Encantadas riberas del Betis,
    sacros bosques de adelfas y rosas,
    apacibles colinas graciosas,
    ha un momento que en vos me encontré;
      y tranquila, ilustrando ese cielo
    de zafiro, a la luna fulgente
    rïelar en la riza corriente
    resbalando por flores miré.

    ¡Oh consuelo de todas mis penas!
    A mi lado mi Angélica estaba,

que con voz celestial entonaba
dulces himnos de gloria y de amor.
  Y yo ufano pulsaba la lira,
a su voz y a su encanto obediente,
y, al oírnos, el plácido ambiente
no agitaba ni rama ni flor.

  ¡Cuántas sombras de amantes dichosos
que otro tiempo aquel suelo habitaron
juzgué ver que a los dos nos cercaron
escuchando la dulce canción!
  ¡Ah! Mis penas horribles cesaban,
y en mi vida feliz y contento
fui jamás, como el corto momento
de tan grata fugaz ilusión!

    Pero, ¡ay desventurado!,
era sueño engañoso
que voló presuroso,
y hora es mayor mi mal.
    Son ilusión mis dichas,
son realidad mis penas;
así feroz ordenas,
¡oh destino fatal!

    Despierto súbito
y me hallo prófugo
del suelo hispánico
donde nací;
    donde mi Angélica
de amargas lágrimas
un rostro pálido
baña por mí.

    Y en vez del bálsamo
del aura plácida
del cielo bético
que tanto amé,
    las nieblas hórridas
del frío Támesis
con pecho mísero
respiraré.

Londres, 1824.

EL FARO DE MALTA

Envuelve al mundo extenso triste noche,
ronco huracán y borrascosas nubes
confunden, y tinieblas impalpables,
    el cielo, el mar, la tierra,
y tú invisible te alzas, en tu frente
ostentando de fuego una corona
cual rey del caos, que refleja y arde
    con luz de paz y vida.
En vano ronco el mar alza sus montes
y revienta a tus pies, do, rebramante,
creciendo en blanca espuma, esconde y borra
    el abrigo del puerto.
Tú, con lengua de fuego, «Aquí está», dices,
sin voz hablando al tímido piloto,
que como a numen bienhechor te adora
    y en ti los ojos clava.
Tiende apacible noche el manto rico,
que céfiro amoroso desenrolla,
recamado de estrellas y luceros:
    por él rueda la luna;
y entonces tú, de niebla vaporosa
vestido, dejas ver en formas vagas
tu cuerpo colosal, y tu diadema
    arde al par de los astros.
Duerme tranquilo el mar, pérfido esconde
rocas aleves, áridos escollos:
falso señuelo son, lejanas lumbres
    engañan a las naves.
Mas tú, cuyo esplendor todo lo ofusca,
tú, cuya inmoble posición indica
el trono de un monarca, eres su norte,
    les adviertes su engaño.
Así de la razón arde la antorcha,
en medio del furor de las pasiones
o de aleves halagos de fortuna,
    a los ojos del alma.
Desque refugio de la airada suerte
en esta escasa tierra que presides,
y grato albergue, el cielo bondadoso
    me concedió propicio,
ni una vez sólo a mis pesares busco
dulce olvido, del sueño entre los brazos,

José Blanco White.

sin saludarte y sin tornar los ojos
  a tu espléndida frente.
¡Cuántos, ay, desde el seno de los mares
al par los tornarán!... Tras larga ausencia
unos, que vuelven a su patria amada,
  a sus hijos y esposa.
Otros, prófugos, pobres, perseguidos,
que asilo buscan, cual busqué, lejano,
y a quienes que lo hallaron tu luz dice,
  hospitalaria estrella.
Arde y sirve de norte a los bajeles
que de mi patria, aunque de tarde en tarde,
me traen nuevas amargas y renglones
  con lágrimas escritos.
Cuando la vez primera deslumbraste
mis afligidos ojos, ¡cuál mi pecho
destrozado y hundido en amargura
  palpitó venturoso!
Del Lacio moribundo las riberas
huyendo inhospitables, contrastado
del viento y mar entre ásperos bajíos,
  vi tu lumbre divina;
viéronla como yo los marineros
y, olvidando los votos y plegarias
que en las sordas tinieblas se perdían,
  «¡Malta! ¡Malta!», gritaron;
y fuiste a nuestros ojos la aureola
que orna la frente de la santa imagen,
en quien busca afanoso peregrino
  la salud y el consuelo.
Jamás te olvidaré, jamás... Tan sólo
trocara tu esplendor, sin olvidarlo,
rey de la noche, y de tu excelsa cumbre
  la benéfica llama,
por la llama y los fúlgidos destellos
que lanza, reflejando al sol naciente,
el arcángel dorado que corona
  de Córdoba la torre.

Malta, 1828.

EL CANTO DEL RUISEÑOR

¡Qué noche deliciosa!
Plácida oscuridad envuelve al mundo,
y en letargo profundo
este ameno jardín yace y reposa.

No alienta el manso viento,
no se mecen las hojas ni las flores
y, fijas, sus fulgores
las estrellas nos dan del firmamento.

Ni un celaje de gasa
cruza el espacio vagaroso y leve,
ni el arroyo se atreve
a murmurar, y silencioso pasa.

No sé qué indefinible
estas tinieblas y silencio y calma
difunden en el alma...
un secreto pavor incomprensible.

Solamente vigila
un pecho enardecido y amoroso
en el común reposo
de noche tan serena y tan tranquila.

¿No escuchas? El lamento
suena del ruiseñor... Oye cuál llora:
su queja encantadora,
en el olmo escondido, esparce al viento.

¡Oh, cuán dulce martirio
expresa su dulcísimo gorjeo!
¡Qué afanoso deseo!...
¡Qué fuego, qué pasión y qué delirio!

Pero no son perdidas
esas frases de amor que, deliciosas,
las auras vaporosas
repiten a las flores adormidas;

no, que son escuchadas
por el objeto amado, y en su pecho

el tierno efecto han hecho,
y van con dulce amor a ser pagadas.

Oye. Ese rumor leve...
de las hojas y ramas el ruïdo...
no es el viento: dormido
yace, y ni las agita ni las mueve.

Es el ala ligera
con la que, de hoja en hoja y rama en rama,
al amor que la llama
vuela del ruiseñor la compañera.

Oyólo, y conmovida
vuela a hacer la ventura de su amante,
y vuela palpitante
por sus ardientes frases encendida.

... ...

¿Y a tu pecho de nieve
ni mis frases de amor, hijas del alma,
ni mi perdida calma,
ni mi afanoso lamentar conmueve?

No, que mayor ternura,
más dulce gratitud, más fuego cabe
en el pecho de un ave
que en el de una mujer ingrata y dura.

1830.

UN GRAN TORMENTO

Amar, ¡ay!, sin ser amado
es horrible maldición
que el Cielo, en su indignación,
arroja desapiadado
a un infeliz corazón.

Consúmese noche y día
el que desamado ama,

y piedad en vano clama;
arder mejor le sería
del hondo infierno en la llama.

Mira, y cuanto ve delante
se lo cubre un negro velo,
y un grito de desconsuelo
oye agudo y penetrante,
que dan mar y tierra y cielo.

¡Infeliz! No arde en sus ojos
el sol, ni apacible ambiente
su pecho aspira latente,
ni ve los celajes rojos
que borda el alba en Oriente.

Ni admira el oro y la grana
del ocaso, cuando arde
en los fuegos de la tarde,
ni de la estación lozana
goza el magnífico alarde.

Ni oye el delicioso arrullo
de las aves, ni el rumor
de la selva encantador,
ni del arroyo el murmullo
que salta de flor en flor.

Nada: que el objeto helado
de su pasión sólo mira,
tan sólo fuego respira,
sólo oye, ¡desventurado!,
voces de dolor, de ira.

¿Qué es la vida en el mezquino
que a estado tan lastimoso,
do no hay salud ni reposo,
le arrastra el feroz destino
o un encanto poderoso?...

Es un horrible tormento
como no lo tiene igual
el más doloroso mal,
ni cupo en el pensamiento
del tirano más brutal.

¡Oh, qué noches!, ¡oh, qué días
convulso y sediento pasa!
Ora el pecho se le abrasa,
ora entre mil agonías
un puñal se lo traspasa.

Una mano de gigante,
de ardiente hierro vestida,
tiene a la garganta asida,
o el corazón palpitante
le aprieta, y con él la vida.

Y si un instante veloz
brota allá en su pensamiento
una esperanza, al momento
la siega la aguda hoz
del pertinaz escarmiento.

Cuenta el triste sus martirios
que comprendidos no son
y habla en vano a un corazón
que burla de los delirios
de una profunda pasión.

Al ver sus ojos de fuego
hielo rígido pintado
en los del objeto amado,
y en su semblante el despego,
¡cuál queda desventurado!

Y por respuesta tener,
de fogosas expresiones,
consejos y reflexiones,
o un «no» de nieve, es hacer
un alma infeliz jirones.

El triste que escuchó tal
prefiriera haber oído
de una ceraste el silbido,
o la trompeta final,
o del mundo el estallido,

pues falta tierra a su planta,
se hunde el cielo sobre él,

le ahoga un áspero cordel,
y la existencia le espanta;
¡oh, qué martirio cruel!

Amar, ¡ay!, sin ser amado
es horrible maldición,
que el Cielo, en su indignación,
arroja desapiadado
a un infeliz corazón.

1830.

EL OTOÑO

Al bosque y al jardín el crudo aliento
del otoño robó la verde pompa,
y la arrastra marchita en remolinos
    por el árido suelo.
Los árboles y arbustos erizados
yertos extienden las desnudas ramas
y toman el aspecto pavoroso
    de helados esqueletos.
Huyen de ellos las aves asombradas,
que en torno revolaban bulliciosas,
y entre las frescas hojas escondidas
    cantaban sus amores.
¿Son, ay, los mismos árboles que ha poco
del sol burlaban el ardor severo
y entre apacibles auras se mecían,
    hermosos y lozanos?
Pasó su juventud fugaz y breve,
pasó su juventud y, envejecidos,
no pueden sostener las ricas galas
    que les dio primavera.
Y pronto, en su lugar, el crudo invierno
les dará nieve rígida en ornato,
y el jugo, que es la sangre de sus venas,
    hielo será de muerte.
A nosotros, los míseros mortales,
a nosotros también nos arrebata
la juventud gallarda y venturosa
    del tiempo la carrera.

Y nos despoja con su mano dura,
al llegar nuestro otoño, de los dones
de nuestra primavera, y nos desnuda
    de sus hermosas galas.
Y huyen de nuestra mente, apresurados,
los alegres y dulces pensamientos
que en nuestro corazones anidaban
    y nuestras dichas eran.
Y luego la vejez de nieve cubre
nuestras frentes marchitas, y de hielo
nuestros áridos miembros, y en las venas
    se nos cuaja la sangre.
Mas, ¡ay, qué diferencia, Cielo santo,
entre esas plantas que caducas creo
y el hombre desdichado y miserable!
    ¡Oh Dios, qué diferencia!
Los huracanes pasarán de otoño,
y pasarán las nieves del invierno,
y al tornar apacible primavera,
    risueña y productora,
los que miro desnudos esqueletos
brotarán de sí mismos nueva vida,
renacerán en juventud lozana,
    vestirán nueva pompa.
Y tornarán las bulliciosas aves
a revolar en torno, y a esconderse
entre sus frescas hojas, derramando
    deliciosos gorjeos.
Pero a nosotros, míseros humanos,
¿quién nuestra juventud, quién nos devuelve
sus ilusiones y sus ricas galas?...
    Por siempre las perdimos.
¿Quién nos libra del peso de la nieve
que nuestros miembros débiles abruma?
De la horrenda vejez ¿quién nos liberta?
    La mano de la muerte.

1833.

A UN ARROYO

Pobre arroyo, de una fuente
ignorada en lo secreto

de las selvas hijo, y nieto
de un vil peñasco, detente.
¿Dó te lleva tu corriente?...
No des, no, ni un paso más.
Mira que engañado estás
y, pensando eterno ser,
en un breve vuelo vas.

¿No te contenta este prado
en donde eres claro espejo
que copia fiel el reflejo
del celaje nacarado?...
¿Más allá no te has tornado
en culebra de cristal
que, con paso desigual,
se mueve de flor en flor?...
Párate y burla el rigor
de tu destino fatal.

Y eres cítara sonora
y, con tus acentos suaves,
acompañas a las aves
y das música a la aurora;
mas tu voz encantadora
a que te quiebras la debes
en conchas y piedras leves.
¡Ay!, no des un paso más...
Si adviertes que roto vas,
¿cómo a caminar te atreves?

Alucinado con ver
falaces transformaciones,
tras de nuevas ilusiones
te das, menguado, a correr.
El ansia de engrandecer
te hace flores desdeñar,
riscos y conchas dejar
y hacia peñascos desnudos
e insensibles troncos rudos,
a ser su escarnio, marchar.

Ufano porque otra fuente
te rinde humilde tributo,
no adviertes que va de luto,

enturbiada, tu corriente.
Ya eres soberbio torrente...
Ya tu voz, trueno, retumba...
Ya tu raudal se derrumba...
Mas ¿dónde?... En el ancho río,
que te arrastra raudo y frío
al mar profundo, a la tumba.

Cuando absorto te examino,
cuando en vano mis miradas
contar quieren tus pisadas,
medir quieren tu camino,
ver, ay, la vida imagino
del desdichado mortal;
pues es a la tuya igual,
y me confunde y me asombra,
la del ente que se nombra
por burla «ente racional».

Nace, como tú, inocente;
como tú, tras sombra vana
corre; como tú, se afana
en crecer rápidamente;
como tú, desde su Oriente
llega en un punto a su ocaso;
como tú, pretende acaso
que es su vida eternidad,
y como tú, ¡oh ceguedad!,
no ve que todo es un paso.

Y, aunque durara cien años
la infeliz humana vida,
fuera un punto de corrida,
todo su período engaños,
todo su fin desengaños;
pues bien claro se percibe
que sólo se circunscribe
a un tan rápido momento
que se escapa al pensamiento
lo que de veras se vive.

Lo pasado nada es ya.
El porvenir no llegó.
Lo presente es... ¿qué sé yo?...

Lit. de los Artistas.

D. F.ᶜᵒ. MARTINEZ DE LA ROSA.

Ilustración del libro Galería de la Literatura Española, *de Ferrer del Río, Madrid, 1846.*

De entre las manos se va.
¿Conque la vida será
sólo lo presente?... ¿Y es
lo presente nada?... Pues
la vida del hombre es nada
si se mira despojada
del «antes» y del «después».

Si es la vida, en conclusión,
un solo punto fugaz,
un breve sueño falaz,
una nada, una ilusión,
¿cómo puede, ¡oh confusión!,
tanto afán y tanto anhelo,
tanto susto y desconsuelo,
tanto angustioso llorar
tanta desdicha encerrar
en tan corto espacio el cielo?...

1837.

LUCÍA

¡Ay!... Nació bella cual la flor temprana
que en el jardín despunta con la aurora
cuando el celaje volador colora
de oro encendido y de brillante grana
la luz primera del risueño día.
     ¡Pobre Lucía!

Y creció como crece de azucena
tallo gentil, hasta elevar la frente,
que adula y besa el apacible ambiente,
de candidez y granos de oro llena,
cáliz de aroma y líquida ambrosía.
     ¡Pobre Lucía!

Y diole el cielo un alma más hermosa
que su linda hermosísima presencia,
y un puro corazón, de la inocencia
centro, y de la virtud más candorosa;
pero, ay, tierno y sensible en demasía.
     ¡Pobre Lucía!

Y de la primavera en los vergeles
entró ignorando, simple, que en sus flores
tal vez se ocultan áspides traidores,
y que al pie de rosales y claveles
la tierra acaso sus venenos cría.
                    ¡Pobre Lucía!

Y escuchó incauta un labio mentiroso
y a una mirada fascinante, aleve,
su pecho palpitó de pura nieve,
y fuego blando y dulce y delicioso
sintió que por sus venas discurría.
                    ¡Pobre Lucía!

Y soñó, ¡desdichada!, una ventura
eterna, y de engañosas ilusiones
se perdió en las fantásticas regiones,
y del suave deleite el aura impura
aroma celestial le parecía.
                    ¡Pobre Lucía!

Y pronto, como tórnase en el viento
el brillador celaje de la tarde,
que con matices refulgentes arde,
en oscuro borrón del firmamento,
tornóse negra angustia su alegría.
                    ¡Pobre Lucía!

Y en abrojos estériles las flores,
y los dulces placeres en martirios,
realidades horrendas los delirios,
traición y engaños viles los amores,
y en noche horrenda el fugitivo día.
                    ¡Pobre Lucía!

Y marchito el carmín de su semblante,
y escarnecida del maligno mundo,
y despeñada en su dolor profundo,
y abandonada del inicuo amante,
la muerte al Cielo con afán pedía.
                    ¡Pobre Lucía!

Y pronto la logró, porque no pudo
en su angustioso envenenado pecho

un corazón vivir roto y deshecho
del desengaño por el hierro agudo;
y polvo es ya bajo esta losa fría.
   ¡Pobre Lucía!

1838.

NO HAY REPARACIÓN

 Con lágrimas inútiles,
con estéril ofrenda,
la infiel toma la senda
que hacia el sepulcro va del que engañó.
 Y de ocaso en las cárdenas
nubes, tumba del día,
ya el sol la frente hundía
cuando al recinto funeral llegó.

 Del dudoso crepúsculo
a la luz nebulosa,
cercana ve la losa
entre la húmeda hierba blanquear.
 Y se acerca impertérrita,
pues engaño y traiciones
juzga en sus ilusiones
con lágrimas y flores reparar.

 Cuando se alza terrífico,
y el corazón le pasma,
de la losa un fantasma,
bulto blanco de niebla y de vapor,
 con dos ojos fosfóricos
que a la pérfida miran,
o esquivándola giran,
dando en torno siniestro resplandor.

 La sangre toda cuájase
de la infiel, que quisiera
que la tierra se hundiera
y la tragara y confundiera allí.
 Y más cuando el fantástico
espectro, con profundo

acento de otro mundo,
terrible, aterrador, le dijo así:

«En esta tumba, oh mísera,
¿qué reparo pretendes?
¿Acaso no comprendes
que este recinto profanando estás?
  Los dones y las lágrimas
al vivo satisfagan,
si su amor propio halagan;
pero al muerto, desnudo de él, jamás.

»Cuando, convulso y trémulo,
tu engaño sospechaba
y aún amante anhelaba
a tu arrepentido dar perdón,
  el llanto, ahora infructífero,
y esas flores acaso
detuvieran el paso
con que bajé, infeliz, a esta mansión.

»Mas tú entonces, frenética,
de mi dolor burlaste,
la ofensa redoblaste
y me hundiste en el sitio en que me ves.
  ¿De tu delirio pérfido
te arrepientes ahora?...
Huye de aquí, traidora,
no esta tumba profanes con tus pies.

»En ella, ¿de qué sírvenme
lloro y dones votivos?...
Ve con eso a los vivos,
que los reciben con risueña faz.
  Aléjate, retírate,
pues aquí no hay amores
ni aroma dan las flores;
deja a los muertos en su eterna paz.»

  El espectro disípase
y cae la triste al suelo,
donde un montón de hielo
parece de la luna al resplandor.

Y a la mañana próxima,
junto a losa yerta,
se la encontraron muerta.
¿Fue de arrepentimiento o de terror?

1844.

LA PRIMERA VEZ QUE VI A M. B.

Sí: la misma es que mis ojos
en ilusión vieron vana,
ya en los perfiles de grana,
que ornan los celajes rojos
de la encendida mañana;

ya entre las olas de espuma
del adormecido mar,
sobre la arena triscar,
leve como leve pluma,
y mi pecho encadenar.

Sí: la apacible sonrisa
de su boca deliciosa
la vi en la modesta rosa,
cuando la ligera brisa
la acaricia cariñosa.

Y escuché su acento suave
en el sonoro arroyuelo,
que de aljófar borda el suelo,
y en los gorjeos del ave
al primer albor del cielo.

Y en sueño fugaz y leve
la vio mi imaginación,
robándome el corazón,
cruzar vaporosa y leve,
celestial aparición.

Es la misma. ¡Ah!, la encontré
de la vida en el camino.
¿Por qué arcano del Destino

mi afán entre sombras fue
encanto tan peregrino?...

¿Y por qué sin conocerla
su imagen me suspendía,
y grabada la tenía,
mucho tiempo antes de verla,
con fuego en el alma mía?...

¿Quién lo sabe? Nuestra mente
no es nuestra. Vuela, medita,
se encumbra, se precipita
a impulso oculto obediente
que la contiene o la incita.

Y lo mismo el corazón:
es de bronce o es de cera,
según la oculta impulsión
que lo calma o que lo altera.
Oscuros misterios son.

Cádiz, 1844.

EL SOL PONIENTE

A los remotos mares de Occidente
llevas con majestad el paso lento,
¡oh sol resplandeciente!,
alma del orbe y de su vida aliento.

Otro hemisferio con tu luz el día
espera ansioso, y reverente adora
ya un rayo de alegría
con que te anuncia la risueña aurora.

Sobre ricas alfombras de oro y grana,
que ante tus plantas el ocaso extiende,
tu mole soberana
lentamente agrandándose desciende.

La tierra que abandonas te saluda,
el mar tus rayos últimos refleja

y la atmósfera muda
ve que contigo su esplendor se aleja.

Del lozano Posílipo [1] la cumbre
ya oculta tu magnífica corona.
Pero tu sacra lumbre
aún deja en pos una encendida zona.

Y aún dora del Vesubio [2] la agria frente
y aún brilla en el espléndido plumaje
de humo y ceniza ardiente,
que sube hasta perderse en el celaje,

y aún esmalta con vivos resplandores,
y perfila con oro y con topacio,
los nítidos colores
de las nubes que cruzan el espacio.

Pero a medida que de aquí te alejas
tu regia pompa tras de ti camina
y tan sólo nos dejas
tibia luz pasajera y blanquecina.

Y queda sin color la tierra helada,
sin vislumbres la mar y sin reflejos,
y, con niebla borrada,
Capri [3] se pierde entre confusos lejos;

mas también el crepúsculo volando
va en pos de ti, y al mar y tierra y cielo
la noche amortajando
con su impalpable y pavoroso velo.

¿Y no te siguen del mortal los ojos
anhelantes, confusos, arrasados;
y al ver tus rayos rojos
desparecer, no quedan consternados?

---

[1] Gallarda y extendida loma al oeste de Nápoles, cubierta
de casas de campo y de arboleda. *(N. del A.)*
[2] El volcán que se eleva en medio de una fertilísima llanura
al este de Nápoles. *(N. del A.)*
[3] Isla pequeña y elevada que está en medio de la entrada
del golfo de Nápoles. *(N. del A.)*

¿No tiembla el hombre, y puede en su demencia
al sueño y al placer y a los amores
darse, sin que la ausencia
le aterre de tus puros resplandores?...

¿Quién la seguridad le da patente
(ni aun el orgullo de su ciencia vana)
de que al plácido Oriente
a darle vida y luz vendrás mañana?

¡Ay!..., si el Creador del Universo, airado
de ver tan sólo en la rebelde Tierra
el triunfo del malvado
y la inicua ambición y la impia guerra,

la inmensa hoguera en que ardes apagara
de un soplo, o de la ardiente
melena te llevara
a otro espacio su mano omnipotente!...

Mas no, fúlgido sol: vendrás mañana,
que no trastorna, no, su ley eterna
la mente soberana
que formó el Universo y lo gobierna.

Mil veces y otras mil vendrás, en tanto
el plazo designado se consuma
que el Dios tres veces Santo
dio a la creación en su sapiencia suma.

Sí: volverás y durarás, que tienes,
criatura predilecta, el don de vida,
y hermoso te mantienes
burlando de los siglos la corrida.

No así nosotros, míseros humanos,
polvo que arrastra el hálito del viento,
efímeros gusanos
cuya vida es un rápido momento.

Nuestro afán debe ser, sólo al mirarte
trasmontar y dejarnos noche umbría,
si aún vivos admirarte
nos será concedido al otro día.

¡Ah!... ¿Quién sabe?... Tal vez, sol refulgente,
que has hoy mi pensamiento arrebatado,
mañana desde Oriente
darás tu luz a mi sepulcro helado.

Nápoles, 1844.

MEDITACIÓN

AL INSIGNE POETA NAPOLITANO, EL SEÑOR
GIUSEPPE CAMPAGNA

¡Ay, con qué confianza,
desde el risueño oriente de la vida,
el mortal se abalanza
al mundo, que con goces le convida!

Tan sólo ve delante
risueños prados y lozanas flores;
sólo mira anhelante
fiel amistad y plácidos amores.

En saber y opulencia,
en grandeza, en poder, en gloria y fama
sólo ve su inocencia
de un magnífico sol la eterna llama.

Avanza, fascinado,
el pie por la carrera seductora,
y entra, ¡desventurado!,
donde al momento desengaños llora.

La que juzgó pradera,
ve que al contacto mismo de su planta
se marchita y se altera,
tornándose arenal yermo que espanta.

Y las que desde lejos
eran flores fragantes, purpurinas,
aromas y reflejos
pierden y se convierten en espinas.

Capricho, *por F. Madrazo.*

El seno palpitante,
a quien su amigo se pregona estrecha,
amigo que al instante
con un puñal el corazón le acecha.

El menguado le fía
honra, fortuna, nombre y pensamiento,
y encuentra al otro día
traición aleve, estéril escarmiento.

Ve unos ojos de llama,
y un seno de jazmines palpitante,
y su pecho se inflama,
y sueña eternas dichas delirante.

Y las lágrimas bebe
(mejor fuera un veneno) deliciosas,
que son sobre la nieve
de un rostro angelical perlas preciosas.

Y rendido a un encanto
que sus sentidos todos encadena,
juzga verdades cuanto
brota el labio falaz de una sirena.

Mas cuando el alma tiene
más rendida a sus pies, y más dichosa,
un desengaño viene
y se halla aislado en cárcel tenebrosa.

Y ve que al alto cielo,
insensible burlándose, le plugo
ofrecer a su anhelo
en la forma de un ángel un verdugo.

Destrozado el corazón,
el alma en pedazos rota,
juzga, ¡oh alucinación!,
que es verdad otra ilusión
que descubre más remota.

Y corre el mortal mezquino,
sediento, ansioso, a beber
en las fuentes del saber,

sin saber que su destino
es el de ignorante ser.

Así, de sed medio muerto,
tras agua y selvas hermosas,
que son nubes engañosas,
el viajador del desierto
va con plantas anhelosas.

Libros revuelve, enciérrase, medita
con vigiloso afán,
y en un caos sin fin se precipita
do los martirios de la duda están.

Y sólo ve una luz, luz que le aterra,
y alumbra el «hasta aquí»,
que trazó Dios en la infelice tierra
a nuestra inteligencia baladí.

La tiniebla abandona, desdeñoso,
que ciencia juzgó ya,
y en busca de la dicha y del reposo
en pos de otra ilusión perdido va.

«La pompa y riqueza son
sólo del mortal ventura»,
dice, y corre y se apresura,
y con alma y corazón
las solicita y procura.

Ya tesoros inmensos ha logrado.
Sí, ya los consiguió.
¡Cuántos riesgos y penas le han costado!
¿Y qué es lo que con ellos, ¡ay!, logró?
Susto, inquietud, desvelo,
y más grande ansiedad que antes probó.
El corazón se le convierte en hielo,
marchita su alma está;
ve que se burla de él feroz el Cielo,
y en pos de otra ilusión perdido va.

Mas un nuevo sol radiante,
que sobre un monte se encumbra,

lo fascina y lo deslumbra,
y a él se dirige anhelante.

Es el del poder y el mando,
y hasta él es fuerza llegar
con esfuerzo singular,
obstáculos derribando.

Por virtudes o crímenes, no importa,
la cumbre del poder su planta oprime,
y el sol que el alma le dejara absorta,
visto de lejos con su luz sublime,
en llama horrenda, que el infierno aborta,
ve convertido, y despechado gime
ardiendo en ella, ¡mísero!, entre horrores,
ansias, miedos, vigilias y rencores.

Conoce él, triste, y lo conoce en vano,
que allí de los cabellos le ha traído
de un demonio feroz la dura mano,
y quisiera, ¡infeliz!, no haber nacido.
Bajar procura de la cumbre al llano,
pero la escala, ¡ay Dios!, por do ha subido
se ha roto, se ha deshecho, y sólo mira
despeñaderos do los ojos gira.

Cercana tiene otra aún más alta cumbre:
la cumbre de la gloria y de la fama;
espléndida la ve de hermosa lumbre,
y con sonora voz le exhorta y llama.

Salta, atrevido, a colocarse en ella.
¡Cuán pocos lo consiguen!, o le falta
el influjo benigno de una estrella,
y a un mar de fango y de desprecio salta,

o empujado de próspera fortuna,
se empina y ciñe de laurel la frente
para apurar las penas, una a una,
que causan de la envidia el corvo diente,

de la calumnia el bárbaro veneno,
de la injusticia infame la osadía,
de la sucia ignorancia el negro cieno
y de la ingratitud la saña impía.

Destrozado el corazón,
el alma en pedazos rota,
muerta la imaginación,
ve que en mar de confusión
la barquilla humana flota.

Y torna el triste mortal
atrás los cansados ojos,
y, ¡oh desengaño final!,
ve sólo un ancho arenal
sembrado todo de abrojos.

Tal vista le desconcierta,
se vuelve con ansiedad
en busca de una verdad,
y encuentra una tumba abierta,
y detrás la eternidad [1].

Nápoles, 1844.

LA APARICIÓN DE LA MERGELINA [1]

Se esconde tras Posílipo,
entre nubes de grana,
la antorcha soberana
del refulgente sol,
del Vesubio flamígero
esmaltando la cumbre
con la postrera lumbre
del último arrebol.

Cruzan el viento ráfagas,
que aún el astro colora,
perfila, argenta y dora,
sobre el espacio azul.
Bulle brisa balsámica
entre fragantes flores,
y mece en los alcores
el pino y abedul.

---

[1] El pensamiento que informa a esta poesía es el mismo
que inspiró a su autor el drama titulado *El desengaño en un
sueño.*
[1] Se llama así en Nápoles la risueña playa que está entre
la ribera de Chiaja y el monte Posílipo. *(N. del A.)*

El golfo de Parténope
es espejo de plata
que plácido retrata
el celeste esplendor
  y la pompa magnífica
que, al bajar al ocaso,
acompañan el paso
del astro abrasador.

Pero con vuelo rápido
tan espléndida escena,
que tierra y cielo llena,
despareciendo va.
  Y de tibio crepúsculo
luz densa y blanquecina
montes, ciudad, marina
y cielo envuelve ya.

Entonces, cuando bórranse
los mares y collados,
confundidos, mezclados
en dudoso total,
  y el orbe todo muéstrase
de la misma manera
que si al través se viera
de empañado cristal,

  ven mis ojos estáticos
en la arenosa playa,
junto a la blanca raya
del adormido mar,
  vaporosa, fantástica
aparición divina
que da a la Mergelina
encanto singular.

Erguida como el vástago lozano
de azucena gentil,
que en las plácidas noches del verano
señorea el pensil,
  se alza de una mujer encantadora
la forma angelical,
que en sí todos los dotes atesora
del poder celestial.

Y tal hechizo se desprende de ella,
y fragancia, y fulgor,
y en medio a tal atmósfera descuella
de encantos y de amor,
    que mientras anhelante y confundido,
sin osarme acercar,
en tierra una rodilla, y abstraído
de tierra y cielo y mar,
    la contemplo, se cambia mi existencia
en tal contemplación,
que arrebata con mágica influencia
mi alma a ignota región.

Sus ojos son de un ángel de consuelo,
por la mar adormida los pasea,
o los eleva al vaporoso cielo,
y luz divina en ellos centellea;

o a la inmensa ciudad, a quien envuelve
la sombra densa de la noche fría,
anhelante los torna y los revuelve,
llenos de celestial melancolía.

O hacia el Vesubio, cuya frente adorna
rojo penacho de espantosa lumbre,
girando el cuello de marfil, los torna;
y afanosa los clava en su alta cumbre.

¿La inmensidad de la creación admira
en el mar y en el cielo cristalino,
y cuando a la ciudad los ojos gira,
la obra desprecia del mortal mezquino?...

¿Y cuando a la encendida y agria frente
los torna del volcán, y en él los clava,
de escondida pasión que su alma siente
mira el trasunto en la encendida lava?

... ...

¿Quién lo sabe? Imposible es que consiga
descubrir un mortal sus pensamientos,
ni de la llama que en su pecho abriga
los nobles y escondidos elementos.

Mas yo lo sé; que mi alma se desata
de los vínculos rudos terrenales
cuando se purifica y se dilata
contemplando sus gracias celestiales.

Y conocer le es dado de la Dea
la mente y corazón, y las regiones
que aquélla velocísima pasea,
y de éste las sublimes sensaciones.

Y pasmada y atónita comprende
las frases, que veloces y cortadas
del labio puro de coral desprende,
dando vida a las auras regaladas.

Frases como las forma el rumor leve
de líquido cristal que el prado gira,
de blandas flores que el ambiente mueve,
de espíritu impalpable que suspira.

Pero aunque estampa su profunda huella
en mí, y a mi existir da nuevo giro
(porque así plugo a mi dichosa estrella)
cuanto entonces contemplo y cuanto miro,

me es imposible referirlo luego,
cuando torna mi espíritu a engastarse
en el humano fango, donde el fuego
del éxtasis por fuerza ha de apagarse.

Ni el misterio de tales sensaciones
puede nunca explicar humano labio,
pues para tanto faltan expresiones
al más rico lenguaje y al más sabio.

Mas dentro de esta cárcel tenebrosa
el perfume conserva el alma mía
de la contemplación maravillosa,
y el vibrar de una angélica armonía.

    El crepúsculo se apaga,
    cubre de la noche el velo
    la tierra, la mar, el cielo,
    y la aparición o maga
    desparece en raudo vuelo.

Y en la arenosa ribera
de negras sombras cercado,
cual ángel precipitado
de la soberana esfera
me hallo solo y prosternado.

El nuevo sol veo salir,
y ansioso anhelo que el paso
apresure hacia el ocaso,
para que torne a venir
otro crepúsculo escaso.

Que en su plazo fugitivo,
bajo la fascinación
de la mágica visión,
es cuando de veras vivo
la vida del corazón.

Nápoles, 1844.

UNA NOCHE DE VERANO EN EL GOLFO DE NÁPOLES

AL EXCMO. SR. D. FRANCISCO MARTÍNEZ
DE LA ROSA

Pues no te fatiga el sol,
boga, boga, barquerol.

Por este golfo de plata
o más bien mansa laguna
donde la argentada luna
su cándido albor retrata;
   por do apresuradas vuelan
tantas barcas pescadoras,
con lumbreras en las proras,
que en el rizo mar ríelan,
   pues no te fatiga el sol,
   boga, boga, barquerol.

Aléjame de esta orilla
do la espuma centellea,

do a la ciudad lisonjea
la onda que a sus pies se humilla,
   y do los roncos bramidos
de otro mar siempre agitado,
mar de vivientes formado,
me atormenta los oídos,
    pues no te fatiga el sol,
    boga, boga, barquerol.

Solo con mi pensamiento,
y solo también contigo,
entregarme quiero, amigo,
en brazos del manso viento;
   y separado del mundo,
en honda meditación,
darle a mi imaginación
un alimento fecundo.
    Pues no te fatiga el sol,
    boga, boga, barquerol.

¡Cuál la barca blandamente
se columpia y se desliza
sobre el agua, que entapiza
un fósforo refulgente!
   El fósforo que los remos
que alzas y bajas encienden
cuando el mar cortan y hienden
con sus delgados extremos.
    Pues no te fatiga el sol,
    boga, boga, barquerol.

Ya el rumor de la ciudad
la voz del caos parece,
y ya mi barca se mece
en medio a la inmensidad.
   ¡Qué espectáculo sublime,
absorto, contemplo y miro!
¡Con qué libertad respiro!
Nada aquí mi pecho oprime.
    Pues no te fatiga el sol,
    boga, boga, barquerol.

Miro tendida a mi espalda
de Nápoles la ciudad,

como dormida beldad
en un lecho de esmeralda.
   Y entre vaporosos lejos
forman apariencias varias
sus diversas luminarias
con sus movibles reflejos.
   Pues no te fatiga el sol,
   boga, boga, barquerol.

A mi diestra recostado,
celador de estos confines,
y de quintas y jardines
vestido y engalanado,
   a Posílipo veo estar,
gigante de alta belleza,
en un monte la cabeza
y los pies dentro del mar.
   Pues no te fatiga el sol,
   boga, boga, barquerol.

Y de escoria otro gigante
y de ceniza vestido,
se alza a mi siniestra erguido,
solo, enhiesto, vigilante.
   Llamas sus cabellos son,
que agita tímido el viento,
son tempestades su aliento,
y su grito destrucción.
   Pues no te fatiga el sol,
   boga, boga, barquerol.

Allí al frente, inmensa nave
de peñas que dio al través,
Capri está, y quien tiene es
de este ancho golfo la llave.
   Y los montes, donde apenas
Sorrento y Castelamar
se ven, vienen a cerrar
este mar de las Sirenas.
   Pues no te fatiga el sol,
   boga, boga, barquerol.

Italia, Italia, región
que mejor no alumbra el cielo,

jardín de Europa, tu suelo
es tierra de bendición.
　　Y de él son lo más hermoso,
compendio de tu beldad,
de Nápoles la ciudad
y su golfo delicioso.
　　Pues no te fatiga el sol,
　　boga, boga, barquerol.

Un toldo de terciopelo
del firmamento colgado,
con diamantes tachonado,
es de este prodigio cielo.
　　Rueda por él y campea
un topacio colosal
que la región celestial
esclarece y señorea.
　　Pues no te fatiga el sol,
　　boga, boga, barquerol.

Y diamantes y topacio
y toldo repite el mar,
y se me figura estar
suspendido en el espacio,
　　y que el inmenso vacío
cruzo, como cruza el ave,
en alas del viento suave,
y en brazos del albedrío.
　　Pues no te fatiga el sol,
　　boga, boga, barquerol.

La brisa un arpa es aquí
do acordes incomprensibles
espíritus invisibles
tocan en torno de mí;
　　y sus sones son beleño
que suave encanto difunden
y que en mis venas infunden
bálsamo de dulce sueño.
　　Pues no te fatiga el sol,
　　boga, boga, barquerol.

Por las auras arrullado
y por las olas mecido,

La pesadilla, *por F. Madrazo.*

mis penas daré al olvido
y dormiré descansado.
   Venid con solicitud,
venid a ocupar mi mente
y a volar sobre mi frente,
sueños de mi juventud.
   Pues no te fatiga el sol,
   boga, boga, barquerol.

Que en este tranquilo mar,
bajo este apacible cielo,
y cercado de tal suelo,
venturas se han de soñar,
   y deliciosos amores
que son encanto del mundo,
dando al olvido profundo
de la vejez los rigores.
   Pues no te fatiga el sol,
   boga, boga, barquerol.

Boga hasta que de oro y grana
pinte celajes la aurora,
y este mar tan mudo ahora
himnos cante a la mañana.
   Y deja a mi fantasía
que este golfo prodigioso,
ahora vago y misterioso,
admire al venir el día.
   Pues no te fatiga el sol,
   boga, boga, barquerol.

Y entonces a la ciudad
ambos a dos tornaremos;
tú, a descansar de los remos;
yo, a volver a mi ansiedad;
   que las horas de ilusión
siempre son, ¡ay!, fugitivas,
y quedan las positivas
que angustian el corazón.
   Pues no te fatiga el sol,
   boga, boga, barquerol.

Nápoles, junio de 1845.

DESCONSUELO

Por el campo helado y yerto,
que entre la selva frondosa
está de la edad briosa,
y entre el árido desierto
de la vejez angustiosa,

caminando hacia Occidente
con lento paso avanzaba,
y abismado meditaba
en lo que tenía enfrente,
y en lo que tras mí dejaba.

En aquel yermo asolado
me ofrecía el pensamiento,
como ráfagas de viento,
recuerdos de lo pasado,
que al alma daban tormento.

Y en sombras vagas también,
cual las inciertas figuras
que entre las nubes oscuras
de la borrasca se ven,
las ansiedades futuras.

Enfermo, solo, seguía
combatido y arrastrado
entre el futuro y pasado,
y nada en torno veía
con mi existir enlazado.

Cuando los puros reflejos
advertí de flor tan bella,
entre la aridez aquella
nacida, que desde lejos
dudé si era flor o estrella.

Mas al punto en que la vi
calmóse mi amargo afán,
porque ejerció influjo tan
raro, que me atrajo a sí
como al acero el imán.

Llegué, llegué... ¡Qué color
tan puro y resplandeciente
iluminaba su frente!
¡Con qué fragancia en redor
embalsamaba el ambiente!

¡Qué perlas de almo rocío
avaloraban su seno!
Su tallo de pompa lleno,
¡con qué garbo y señorío
avasallaba el terreno!

Jamás en regio pensil,
ni en los jardines de Flora
meció el soplo de la aurora
otro tallo tan gentil
ni flor tan encantadora.

Y cual si alma y corazón
el Cielo dado le hubiera
(ni aun yo sé de qué manera)
cariño y tierna afición
mostróme afable y sincera;

y que grata había brotado
por disposición del Cielo
en aquel ingrato suelo,
de mi pecho lacerado
tan sólo para consuelo.

¡Ay!, a su encanto rendido
tan dichoso me encontré,
y en un delirio tal, que
lo que iba a ser y había sido
de todo punto olvidé.

Y ciego y loco, un momento
pensé que otra vez me hallaba
en la selva que dejaba
detrás, y ufano y contento
que era mortal olvidaba.

Y me figuré posible
junto a aquella hermosa flor,

y amparado de su amor,
del Destino irresistible
burlar el fiero rigor.

Mas su rigor me impelía
a proseguir el camino,
aunque el encanto divino
de aquella flor me acogía;
que es muy terrible el Destino.

Entonces nueva ansiedad
en mi corazón sentí,
que era angustia horrenda, sí,
tanto amor y tal beldad
dejarme detrás de mí.

Y resuelto a no dejarla
y a que conmigo siguiera
la inevitable carrera,
quise del suelo arrancarla
y prestóse placentera.

Mas, ¡ay Dios!, en el momento
que mi mano la tocó,
impetuosa la embistió
ráfaga de árido viento,
y en mis manos se agostó.

¡Ay!, con qué fieras congojas
vi por el suelo esparcidas
mustias, secas, encogidas
sus antes risueñas hojas
rutilantes y encendidas!

¡Con qué horror miré el lozano
tallo roto y abatido,
y su follaje caído!
¡Con cuánta ansiedad en vano
busqué el aroma perdido!

Los ojos levanté al cielo,
no vi el sol, la noche era;
y proseguí mi carrera
en más hondo desconsuelo
y en soledad la más fiera.

Que en el campo helado y yerto,
que entre la selva frondosa
está de la edad briosa,
y entre el árido desierto
de la vejez angustiosa,

si aparece una ilusión
se deshace luego, luego,
pasa como leve fuego,
y destroza el corazón
que se va tras ella ciego.

Nápoles, 1845.

FANTASÍA NOCTURNA

AL EXCMO. SR. D. JUAN NICASIO GALLEGO

El sol, siguiendo su eternal vïaje,
en los mares perdióse de Occidente,
y ya ni en los perfiles del celaje
dejaba rastro de su huella ardiente.

De oscuridad vestido estaba el suelo
mientras nuevo esplendor engalanaba
la inmensurable bóveda del cielo,
y más rica y más grande se mostraba.

Yo, del risueño Vómero en la loma,
que señorea lo mejor del globo,
entre un ambiente de fragante aroma,
solo vagaba en soñador arrobo.

Miré en bultos fantásticos los montes
alzar diversos su contorno vago,
y el mar a los remotos horizontes
ir a perderse adormecido lago.

Luego, todo borrarse y confundirse,
como si de la vida el don perdiera,
y de alba niebla y de vapor vestirse
cual si de una mortaja se vistiera.

Mientras que más luceros, más estrellas,
adornaban el claro firmamento,
diciéndome la voz de ellos y de ellas:
«Aquí la eternidad tiene su asiento.»

Sentí aquel estupor indefinible,
la conmoción sin nombre, vaga y fría,
que da la soledad so un apacible
cielo, después de sepultado el día.

Y llegué a imaginar que el globo helado
desierto no albergaba otro viviente
más que yo; y afligido y aterrado
volar ansiaba al cielo refulgente.

Pero luego el rumor hasta mí llega
de la inmensa ciudad que a mis pies yace,
mezclado al que en las cumbres y en la vega
el aura mansa entre las selvas hace.

Diviso las vislumbres, los reflejos
de luces esparcidas por el llano,
ya más cerca indicando, ya más lejos,
o lámpara u hogar de albergue humano.

Y entre niebla borrosa y sombra espesa,
que apenas puedo penetrar, advierto
nave, que el mar anchísimo atraviesa
buscando ansiosa el conocido puerto.

El rumor y las luces y el navío
recuérdanme que el globo está habitado,
y cambia vuelo el pensamiento mío,
a la tierra de nuevo encadenado.

A la tierra, y apártase del cielo,
porque siempre esta mísera corteza
de humana carne hacia el mezquino suelo
hace doblar al alma la cabeza.

Y juzgué ya de danza y de festines
aquel rumor, que la ciudad derrama;
las luces ser de quintas y jardines
o a las que el sabio estudia y logra fama;

y que la nave, que las aguas corta
preñada de placeres y metales
de otra región, a nuestra playa aporta
a aumentar nuestros goces terrenales.

Olvidé los luceros, las estrellas...,
y ansié tornar a la ciudad, que ofrece
goces sin fin, o dirigir mis huellas
a la luz que a los sabios esclarece.

O hacia el puerto correr, y en los tesoros
que frescos llegan del pomposo Oriente,
del rico ocaso, de los climas moros,
de placeres saciar mi sed ardiente.

Iba, en pos de este anhelo irresistible,
a descender de la elevada roca
cuando el ala de espíritu invisible
que giraba en redor mi frente toca.

No sé si era espíritu celeste
o espíritu infernal quien, de mí en torno,
agitaba las alas y la veste
causando en mi interior tan gran trastorno.

Mi mente cambia giro, advierte y piensa,
y en helado sudor, ay, me confundo,
que aquel rumor de la ciudad inmensa
no es más que el estertor de un moribundo.

Que aquellas luces son las luminarias
con que el mortal camina al cementerio,
y las naves fantasmas funerarias
que vagan de hemisferio en hemisferio.

Alzo los ojos, que, anhelante, intento
nuevo consuelo y luz de las estrellas
en la copa beber del firmamento;
pero, ¡ay!, su amparo me negaron ellas.

El instante que yo de la mezquina
tierra en la faz los ojos puestos tuve
el claro cielo funeral cortina
me había robado de espantosa nube.

Convulso y en temblor deshecho, helado,
erizado el cabello de mi frente,
y de un viento fortísimo azotado,
que abortaron las nubes de repente,

olvido dónde estoy. Que existo dudo;
la vista ciega en las tinieblas giro,
la boca abierta, pero el labio mudo,
y espectros vagos, que me cercan, miro.

Y siento que mis plantas humedece
fango de sangre, que la cumbre aquella
que a mis trémulos pies asiento ofrece,
y que vi al claro sol tan verde y bella,

es un montón de huesos corroídos
de mil generaciones que pasaron
y escombros de cien pueblos destruidos
que ni el son de sus nombres nos dejaron.

Y oigo a una parte el grito furibundo
de la espantosa abominable guerra
y el rodar de su carro por el mundo
con trueno tal que al Universo aterra.

De las revoluciones, a otro lado,
el alarido aterrador y horrendo,
y el choque entre el futuro y el pasado
jamás reposo al orbe consintiendo.

Y escucho por doquier el espantable
de las pasiones alarido agudo,
que en el género humano miserable
ceban, sin saciedad, el diente crudo.

Y hieren y atormentan mis oídos
de verdugos y víctimas mezclados
insultos y dolientes alaridos,
de un siglo en otro siglo duplicados.

Y oigo las espantosas carcajadas
de los infiernos, y el sarcasmo horrible
con que las negras huestes condenadas
del mundo ven la situación terrible.

Tantos sones diversos y espantosos
que cien tormentas hórridas formaban,
de oscuridad abismos horrorosos
hendiendo agudos, hasta mí llegaban.

Pero mis ojos nada descubrían:
tinieblas espesísimas y densas,
cual si cuerpo tuvieran, me oprimían,
las regiones del aire hinchiendo inmensas.

Cuando de pronto aterradora llama
el ancho cráter del volcán arroja
que hasta el cielo enlutado se encarama
y alumbra al mundo con su lumbre roja.

Mas ¿qué alumbra?... ¡Gran Dios! Alumbra sólo
un inmenso sepulcro que se extiende
devorador del uno al otro polo,
y en medio a la creación de un pelo pende.

Y en él turbas y turbas de gusanos,
que entre sí despedázanse rabiosos,
de otros y de otros disputando insanos
los restos miserables y asquerosos.

Mas todo iba a morir. La ardiente lava,
que por las agrias cuestas se derrumba,
lenta y desoladora se avanzaba
a dar eterna paz a la gran tumba.

No pude más: herido del espanto,
misericordia, en tanto desconcierto,
pidiéndole al Señor tres veces santo,
a tierra vine como cuerpo muerto.

Nápoles, 1846.

BIBLIOGRAFÍA

Siendo relativamente abundante la bibliografía sobre el Duque de Rivas, sólo cito a continuación las obras que se han tenido en cuenta al escribir este libro.

I. Obras del Duque de Rivas

La edición más completa y asequible es *Obras completas* del Duque de Rivas, 3 vols., edición y prólogo de D. Jorge Campos, BAE, Madrid, 1957. También se han utilizado la «Introducción» y las notas de DUQUE DE RIVAS, *El moro expósito*, 2 vols., edición introducción y notas de Ángel Crespo, Clásicos Castellanos, Madrid, 1982.

II. Bibliografías

Es muy completa hasta el año en que fue publicada la de Gabriel BOUSSAGOL, «Ángel de Saavedra, Duc de Rivas. Essai de bibliographie critique», en *Bulletin Hispanique*, Bordeaux, núms. 29 (1927) y 30 (1928). Véanse también la de *Obras Completas*, vol. I, citado en I, y la del libro de A. CRESPO citado en V.

III. Historia de la época

José BLANCO WHITE, *Cartas de España*, introducción de Vicente Llorens, traducción y notas de Antonio Garnica, Madrid, 1972 (la edición original, *Letters from Spain*, fue publicada en Londres en 1822); Manuel José QUINTANA, «Cartas a Lord Holland», en *Obras completas*, BAE; Nicomedes-Pastor DÍAZ, «Memorias de una campaña periodística en diciembre de 1839 y enero de 1840», en *Obras completas*, II, BAE; Estanislao de KOTSKA VAYO, *Vida y*

reinado de Fernando VII, Madrid, 1842; Juan ORTEGA RU-
BIO, *Historia de España*, V, Madrid, 1908; Richar HERR,
The Eighteenth-Century Revolution in Spain, Princeton,
New Jersey, 1958; Hans ROGER MADOL, *Godoy*, trad. de
G. Sans Huelin y M. Sandmann, Madrid, 1966; Ricardo
BLASCO, *Los albores de la España fernandina*, Madrid,
1969; É. TÉMINE, A. BRODES, G. CHASTAGNARET, *Historia de
la España contemporánea. Desde 1808 hasta nuestros días*,
trad. de Alberto Carreras; Barcelona, 1982; Josep FONTA-
NA LÁZARO, *La quiebra de la monarquía absoluta (1814-
1820)*, Barcelona, 1983[4]; Jean DESCOLA, *La España romántica, 1833-1868*, trad. de Óscar Collazos, Barcelona, 1984.

IV. Sobre el romanticismo

Wenceslao AYGUALS DE IZCO, «El romanticismo», en *El
Vapor*, Barcelona, núm. 74, 7 de septiembre de 1833; Antonio ALCALÁ GALIANO, *Literatura española del siglo XXI.
De Moratín a Rivas*, traducción, introducción y notas de
Vicente Lloréns, Madrid, 1969 (el original fue escrito en
inglés y apareció en cinco números de la revista londinense *The Atheneum*, de abril a junio de 1834, con el título de «Literature of the Nineteenth Century. Spain»);
Manuel CAÑETE, «Estado actual de la poesía lírica en España», en *El Fénix*, 28 de junio de 1864; Leopoldo
Augusto de CUETO, *Poetas líricos del siglo XVIII*, 3 vols.,
BAE; Rafael M. de LABRA, *El Ateneo de Madrid*, Madrid, 1878; Allison PEERS, *Historia del movimiento romántico español*, trad. de José María Gimeno, Madrid,
1957[2] (la edición original inglesa se publicó en Cambrid-
ge en 1940); J. GARCÍA MERCADAL, *Historia del romanticismo en España*, Barcelona, 1943; Juan CHABÁS, *Nueva y
manual historia de la literatura española*, La Habana,
1953; Jacques BARZUN, *Classic, Romantic and Modern*,
New York, 1961[2]; John B. HALSTED, edited by, *Romanticism*, New York, 1969; Ricardo NAVAS-RUIZ, *El romanticismo español. Historia y crítica*, Salamanca, 1970; José
María BALCELLS, *Prosa romántica de crítica y creación*,
Tarragona, 1976.

V. Sobre la vida y la obra del Duque de Rivas

J. PELLICER Y TOVAR, *Memorial de la casa y servicios
de don Joseph de Saavedra, marqués de Rivas*, Madrid,
1647; Antonio ALCALÁ GALIANO, *op. cit.* en IV; Nicomedes-Pastor DÍAZ, «Biografía de D. Ángel de Saavedra, Duque de Rivas», en *Obras completas*, I, BAE; A. FERRER
DEL RÍO, «Excmo. Sr. Duque de Rivas», en *Galería de la
literatura española*, Madrid, 1846; Manuel CAÑETE, *Escri-*

tores españoles contemporáneos. El Duque de Rivas, Madrid, 1884; Antonio ALCALÁ GALIANO, *Memorias de D. ... publicadas por su hijo*, 2 vols., Madrid, 1886; Juan VALERA, «Don Ángel de Saavedra, Duque de Rivas», en *Obras completas*, vol. II, Madrid, 1942 (la primera edición de este estudio se publicó en *El Ateneo*, Madrid, 15 de diciembre de 1888); AZORÍN, *Rivas y Larra, razón social del romanticismo en España*, Madrid, 1957[2] (la primera edición es de 1916); Allison PEERS, *Rivas and Romanticism in Spain*, London, 1923; Gabriel BOUSSAGOL, *Ángel de Saavedra, Duc de Rivas, Sa vie, son oeuvre poétique*, Toulouse, 1926 (es el trabajo más rico en datos de los publicados hasta la fecha); José SIMÓN DÍAZ, «El Duque de Rivas en el Seminario de Nobles de Madrid», en *Revista de Archivos, Bibliotecas y Museos*, 4.ª época, año I, tomo II, núm. 3; E. RUIZ DE LA SERNA, «Prólogo» a DUQUE DE RIVAS, *Obras completas*, Madrid, 1956[2]; Jorge CAMPOS, «Introducción» a *op. cit.* en I; Joaquín de ENTRAMBASAGUAS, «Un momento de apuro del Duque de Rivas», en *Miscelánea erudita*, serie primera, Madrid, 1957; Margaret A. WILLIAMS, «Ángel de Saavedra's Dealings with the French Government 1830-1833», en *Bulletin of Hispanic Studies*, vol. 37, Liverpool, 1959; Ramón MENÉNDEZ PIDAL, *La epopeya castellana a través de la literatura española*, Madrid, 1959[2]; Guido MANCINI, «Religione e tradizione nell'opera del Duque de Rivas», en *Annali delle Facoltà di Lettere, Filosofia e Magistero dell'Università di Cagliari*, vol. XIX, parte I, 1952; José de BENITO, «Vida romántica del Duque de Rivas», en *Estampas de España e Indias*, Madrid, 1961; Ángel CRESPO, *Aspectos estructurales de «El moro expósito» del Duque de Rivas*, Uppsala, 1973.

ÍNDICE DE PRIMEROS VERSOS

ÍNDICE

COLECCIÓN LOS POETAS

(títulos publicados)